**Gebrauchsanweisung
für Peking und Shanghai**

Mehr über unsere Autoren und Bücher:
www.piper.de

Dank an den Hanser Verlag für die Genehmigung des Abdrucks aus
Pu Yi, »Ich war Kaiser von China. Vom Himmelssohn zum Neuen
Menschen.« Herausgegeben und aus dem Chinesischen übersetzt
von Richard Schirach und Mulan Lehner, © 1973 Carl Hanser Verlag,
München, auf Seite 38 f. und an den Ullstein Verlag für die
Genehmigung des Abdrucks aus Wei Hui, »Shanghai Baby«,
© 2001 Ullstein Buchverlage GmbH, Berlin, auf Seite 175 f.

ISBN 978-3-492-27577-4
© Piper Verlag GmbH, München 2009
Satz: Fotosatz Amann, Aichstetten
Druck und Bindung: G. Canale & C.S.p.A., Borgaro Torinese
Printed in Italy

Adrian Geiges

**Gebrauchsanweisung
für Peking und Shanghai**

Piper München Zürich

Inhalt

Chinesen sind nicht alle gleich — **7**

Beijing (Peking)
Nicht wiederzuerkennen:
    Der rasante Wandel einer Stadt — **11**
Pekinger zu sein ist nicht schwer,
    Pekinger zu werden dagegen sehr — **19**
»Außerörtliche Menschen« — **27**
Pekinesisch — **30**
Ein Palast und sechs Ringe drum herum — **36**
Hinaus aus der Stadt zum größten Bauwerk
    der Erde — **65**
798: geheimnisvolle Kunst-Fabrik — **69**
Schwer übersetzbare Wörter und
    bewegte Bilder: Peking im Film — **80**
In Peking macht man das Wetter — **87**

Alles – nur nicht Pekingente	**91**
Pekinger kaufen zuerst ein Auto …	**100**
Olympia und seine Spätfolgen	**114**

Shanghai

Der Kopf des Drachen	**129**
Das Volk der Shanghaier	**135**
Ausländerfreundliche Fremdenfeinde	**146**
Shanghainesisch	**149**
Zwei Seiten eines Flusses: Puxi und Pudong am Huangpu	**153**
Ort der unzähligen Vergnügen	**165**
Von alten, neuen, wahren und umstrittenen Geschichten: Shanghai im Film	**180**
An Tagen ohne Taifun …	**187**
Haarige Krabben, betrunkenes Huhn und Löwenkopf-Fleischbälle	**191**
Shanghaier kaufen zuerst eine Wohnung …	**197**
Weltumfassende Versammlung	**206**

Chinesen sind nicht alle gleich

In diesem Buch geht es um eine komplizierte Liebesbeziehung. »Gefällt Ihnen Peking oder gefällt Ihnen Shanghai?«, wird man in China immer wieder gefragt – und stößt dann auf geradezu religiösen Fanatismus. Denn nach Ansicht der meisten sind die beiden Metropolen so unterschiedlich, dass man nur eine von beiden lieben kann. Es erübrigt sich hinzuzufügen: Für die meisten Pekinger ist das Peking, und für die Shanghaier, nun …

Als ich von Shanghai nach Peking umzog, bedauerten mich die einheimischen Freunde dort: Das wird schwierig für dich werden. Dort kann man sich nicht auf die Leute verlassen, außerdem ist der Service schlecht. Umgekehrt sahen sich die neuen Bekannten in Peking als meine Retter: Wie hast du es in Shanghai ausgehalten? Sicher fühltest du dich einsam, dort ist es schwer, Freunde zu finden. Die Shanghaier denken nur ans Geschäft. Bei denen muss man verdammt aufpassen, bestimmt haben sie dich ständig übers Ohr gehauen!

Wie soll ich also meinen wahren Gefühlen Ausdruck geben, ohne die Eifersucht und den Unmut entweder der einen oder der anderen zu wecken? Wo doch sowohl in Peking als auch in Shanghai für viele Jahre mein Bett stand, und ich es nie lassen konnte, dann immer wieder für mehrere Tage oder Wochen in die jeweils andere Stadt zu fliegen.

Beginnen wir mit dem kleinsten gemeinsamen Nenner: Chinesen sind nicht alle gleich. Das würde jeder Pekinger unterschreiben (und als Beispiel die Shanghaier nennen) und jeder Shanghaier ...

北京 **Beijing* (Peking)**

北 bei = Norden, nördlich
京 jing = Hauptstadt

* In China habe ich Pragmatismus gelernt. So nutze ich in diesem Buch die alte Schreibweise »Peking«, da sie in Deutschland nach wie vor gebräuchlicher ist als »Beijing«. Ansonsten halte ich mich aber meist an die offizielle Pinyin-Umschrift für die chinesischen Schriftzeichen.

Nicht wiederzuerkennen:
Der rasante Wandel einer Stadt

Das waren noch Zeiten. Nachdem ich China 1986 zum ersten Mal besucht hatte, notierte ich staunend: »1949 lebten 1,6 Millionen Menschen in Peking, derzeit sind es 9,5 Millionen.« Während ich dieses Buch schreibe, hat Peking bereits 17,4 Millionen Einwohner, mehr als doppelt so viele wie New York. Und wahrscheinlich kann kein deutscher Verlag so schnell Bücher produzieren, als dass die Zahl nicht bis zum Druck überholt wäre.

Einmal fragte ich eine Pekinger Freundin, die Paris, London und Berlin besucht hat, wo es ihr am besten gefalle? Sie sagte, wenn es ums Wohnen ginge, würde sie am liebsten nach Berlin ziehen. Warum das? »Ich habe mein ganzes Leben in der Großstadt verbracht. Da würde ich gern zur Abwechslung einen kleineren Ort kennenlernen.«

Trotz der Ein-Kind-Politik wächst Chinas Bevölkerungszahl weiter. Viele der jetzigen Eltern wurden noch in Zeiten geboren, als Mao glaubte: Je mehr Untertanen er beherrscht, desto mehr Macht erlangt er. Er selbst formulierte dies allerdings zynischer, so etwa bei einem Besuch in Moskau 1957: »Wir sind bereit, 300 Millionen Chinesen für den Sieg der Weltrevolution zu opfern.« Das war damals etwa die Hälfte der chinesischen Bevölkerung. Pekings Einwohnerzahl explodiert auch deshalb, weil Chinesen aus allen Provinzen gern in die Hauptstadt übersiedeln – obwohl sie dafür mehr Hürden überspringen müssen als bei einem olympischen Hindernislauf, wie ich noch erzählen werde.

Ich habe immer wieder in Peking gewohnt, habe es verlassen und bin wieder zurückgekehrt. Auf den ersten Blick fällt es natürlich nicht auf, dass wieder so viele Bürger hinzugekommen sind wie in Hamburg oder München dauernd leben. Was jedoch ins Auge sticht: Die Metropole wird jedes Mal eine andere.

Über meinen ersten Landeanflug vor gerade einmal 23 Jahren schrieb ich: »Unter uns mischt sich das Feuerrot der Palastdächer mit dem Grau von Betonhochhäusern. Das Alte und das Neue sind willkürlich ineinandergeschachtelt, die prunkvollen Stätten der Privilegierten von einst und die zweckmäßigen, aber nicht gerade schönen Bauten für die arbeitenden Menschen heute.« Mittlerweile experimentieren Architekten aus aller Welt in Peking mit eleganten und futuristischen Bauten, die wie Ufos, Wasserwürfel oder Eier aussehen. Der Flughafen selbst ist inzwischen von Villenvierteln umgeben.

Wie ein Bericht von einem anderen Planeten erscheint im Vergleich zu heute auch, was mir damals bei der Fahrt vom Flughafen ins Zentrum auffiel: »Auf der Straße vom Flughafen in die Stadt begegnen wir vor allem Lastwagen und Personenwagen japanischer Herkunft: ›Alles Dienstwagen‹, erklärt man mir. Privatautos sind in China zwar nicht mehr verboten, aber praktisch unbezahlbar – es gibt einige wenige Ausnahmefälle neureicher Bauern und Privathändler, die jeweils so sensationell erschienen, dass die chinesische Presse darüber berichtete.« Wäre das heute noch so, hätten die Reporter viel zu tun – pro Tag werden in Peking 1000 neue Autos zugelassen, natürlich fast alles Privatwagen. Auf sechsspurigen Straßen stauen sie sich manchmal noch um Mitternacht. Bei meinem ersten Besuch sah das noch deutlich anders aus. Selbst auf den großen Prachtstraßen im Zentrum drängten sich die Verkehrsmittel, die man in China erwartete: Fahrräder, Fahrräder und noch mehr Fahrräder. Soweit es spezielle Spuren nur für Autos gab, waren sie schmaler als die parallel verlaufenden Radwege. Wer hingegen heute nach vollen Radwegen sucht, dem empfehle ich eine Reise nach Münster in Westfalen.

1986 aß ich im Restaurant in einem Raum, meine Dolmetscherin musste in einem anderen essen. Zu enger Kontakt sollte verhindert werden. Als ich elf Jahre später in Peking Chinesisch studierte, verursachte es keine Komplikationen mehr, wenn Einheimische und Ausländer gemeinsam ausgingen. Viele Jugendliche in Peking suchten nun den Kontakt zu Europäern und Amerikanern, um ihr Englisch aufzufrischen. Gute Sprachkennt-

13|

nisse versprachen eine bessere Zukunft, etwa ein Studium im Ausland oder eine Stelle in einem der Joint Ventures von internationalen Unternehmen gemeinsam mit chinesischen Partnern, die inzwischen auch in der Hauptstadt gegründet worden waren.

Um Englisch zu üben, trafen sich Studenten und Berufsanfänger zu Hunderten in sogenannten 英语角 *yingyujiao*, English corners. Wenn sich westlich aussehende Menschen daruntermischten, scharten sich alle um sie, selbst wenn sie, wie ich, Englisch mit badischem Akzent sprachen. Ich suchte dort nach Austausch, um mein Chinesisch zu praktizieren. Doch die »englische Ecke«, die ich entdeckt hatte, lag weit von meiner Hochschule entfernt. Dann hörte ich, es gebe auch einen solchen Treff in der nahe gelegenen 人民大学 *remin daxue*, wörtlich »Volkshochschule«, die kein Weiterbildungsverein ist, sondern eine der Pekinger Universitäten. Am Eingangstor fragte ich zwei hübsche Studentinnen nach dem Weg. Sie erklärten mir, die English Corner habe gerade Ferien. So entschieden wir uns, unsere eigene Sprachaustausch-Bewegung zu gründen, und ich lud die beiden ins Restaurant ein. Eine von ihnen heiratete ich anderthalb Jahre später.

Anders als in Russland (in den Neunzigerjahren) oder auf den Philippinen sind Westeuropäer in China nicht per se begehrte Ehepartner. Noch mehr als heute glaubten viele Chinesen damals, ihre Kultur unterscheide sich so stark von allen ausländischen Kulturen, dass solche Beziehungen nicht funktionieren könnten. Pekinger Taxifahrer warfen mir in jener Zeit vor, ich würde ihnen die

14

Frauen »wegnehmen«. Wie könnte ich! Zwar mangelt es in China zunehmend an Frauen, aber nicht weil einige von ihnen Ausländer heiraten, sondern weil Eltern in ländlichen Gebieten männliche Nachkommen bevorzugen und deshalb weibliche Föten abtreiben.

Die Restaurants, die wir besuchten, waren einfach: Kahle Holz- oder Plastiktische, leere weiße oder graue Wände; die Gäste warfen Knochen, Gräten und Fleischreste einfach auf den Tisch oder spuckten sie auf den Boden. Etwas eleganteres Ambiente zeichnete die ersten Restaurants mit europäischen Speisen aus, die damals eröffnet wurden. Dort schmeckte aber das Essen weniger gut. So war ich sehr stolz, als ich meiner heutigen Ehefrau kurz nach unserem ersten Treffen erzählen konnte: »Ich habe ein chinesisches Restaurant entdeckt, das sehr geschmackvoll eingerichtet ist. Alles tipptopp sauber, und man kann sogar mit Kreditkarte bezahlen. Lass uns mal zusammen hingehen.«

Auch sie fand das eine gute Idee. Junge Chinesen wussten damals sehr genau, dass sich ihre Gaststätten nicht auf Weltniveau befanden. Der Gedanke, etwas Neues, Schickes kennenzulernen, gefiel ihr gut, zumal trotzdem die von Chinesen bevorzugte eigene Küche angekündigt war. Leider hatte ich mein Chinesisch-Studium gerade erst begonnen, so hatte ich die Zeichen am Eingang noch nicht lesen können. Sie erstarrte, als wir vor dem Restaurant angelangt waren, schwieg eine Minute lang, während die Wut in ihrem Gesicht immer unverkennbarer wurde. Schließlich sagte sie: »Das ist ein japanisches Restaurant.«

Sie ärgerte sich, gestand sie mir später, nicht so sehr deshalb, weil sie die Japaner wegen ihrer Kriegsverbrechen an den Chinesen hasste. Vielmehr schämte sie sich, weil ich ihr – wenn auch ohne Absicht – vorgeführt hatte: In den chinesischen Lokalen fehlte es an Ästhetik, Romantik und Hygiene. Aus heutiger Sicht ist der Vorfall lustig: Denn jetzt, gut zehn Jahre später, stülpen Kellner in vielen Pekinger Restaurants Schutzbezüge auf Jacken, die über dem Stuhl hängen, und manchmal sogar auf Handys. Vor und nach dem Essen reichen sie warme Waschlappen. Der Gast sitzt an Designertischen in gediegenem Braun oder knalligem Rot. An der Wand hängen moderne Gemälde, im Speisesaal sprudeln Springbrunnen.

Manchmal ändert Peking sein Gesicht innerhalb weniger Wochen. So geschah es im Frühjahr 2003, als sich die Lungenkrankheit SARS ausbreitete. Fast alle Hauptstadtbewohner verließen das Haus nur noch mit weißer Schutzmaske. Die sonst so quirligen Restaurants und Bars blieben leer. Die Kaufhäuser wirkten wie Geisterhäuser, maskierte Verkäuferinnen bewachten Kleider und Spielsachen, Kunden kamen keine. Die Metropole stand still. Selbst in der Fußgängerzone Wangfujing ging kaum noch jemand, dort drängen sich sonst die Menschen. SARS verschwand so plötzlich, wie es gekommen war.

Ebenso radikal verwandelten die Olympischen Spiele Peking. Kurz davor reiste ich für zwei Wochen nach Deutschland. Als ich zurückkam, erkannte ich die Stadt kaum wieder: Die Zahl der Autos war halbiert, weil Tag für Tag abwechselnd nur Wagen mit gerader beziehungsweise ungerader letzter Ziffer auf dem Kraftfahrzeugkennzeichen fahren durften. Auch zu Fuß bewegten sich deutlich weniger Menschen als sonst. Auf den Baustellen, wo sonst 24 Stunden am Tag gehämmert, gebohrt und geschweißt wird, war Ruhe eingekehrt. Die Wanderarbeiter, die dort schuften, waren nach Hause gefahren. Aufs Land geflohen waren auch die Intellektuellen, die sich weder für Sport noch fürs Vaterland begeistern. Die Polizei hatte »aus Gründen der nationalen Sicherheit« die Tibeter vertrieben, die sonst in ihren Trachten auf der Straße hocken und Ohrschmuck, Halsketten und Fingerringe verkaufen. Weggesperrt waren die Bettler, die in Peking manchmal sehr aufdringlich sein können, ein »Nein« nicht für ein Nein nehmen und sich an einem festklammern. Um Diebstahl und Proteste zu verhindern, patrouillierten alle 100 Meter Rentner mit roten Armbinden, Freiwillige aus den Nachbarschaftskomitees, die es in Peking vorher auch gab, die aber gewöhnlich nicht solche Präsenz zeigten. Geschlossen waren die Stände in den Straßen, an denen man Klöße oder Schaschlik essen kann. Die Eingänge der kleinen Massagesalons, in denen als Friseurinnen getarnte Prostituierte ihre Dienste anbieten, waren mit Kettenschlössern zugesperrt.

Verschwunden waren auch die Straßenhändler, die Blumen, Unterhosen oder Raubkopien von DVDs anbieten. Manchmal verändert sich aber mehr der Schein als das Sein. In einem Laden, in dem ich oft DVDs kaufe, war die Fläche plötzlich um drei Viertel geschrumpft, in den Regalen standen nur zwei Dutzend Filme. Als ich die Verkäuferin darauf ansprach, lächelte sie. Da ich Chinesisch sprach, konnte ich kein Olympia-Tourist sein. Da ich europäisch aussehe, wusste sie, dass ich nicht für die Polizei arbeite, die beschäftigt hier noch keine Ausländer. Sie zückte einen Schlüssel und öffnete eine Tür zum Hauptteil des Geschäfts – dahinter war die übliche Angebotspalette versteckt.

Pekinger zu sein ist nicht schwer, Pekinger zu werden dagegen sehr

Pekinger zu werden ist nicht leicht – auch nicht für Chinesen. Für jede chinesische Stadt braucht man einen 户口 *hukou*, einen »eingetragenen ständigen Wohnsitz«. Den erbt man. Erben? Eine meiner Töchter beispielsweise ist in Mianyang in der Provinz Sichuan im Südwesten Chinas eingetragen, obwohl sie dort nicht wohnt. Sie ist sogar noch nie dort gewesen. Sie hat den Wohnsitz von meiner Frau bekommen, die ihn wiederum von ihren Eltern hat…

In China wählt man den eingetragenen Wohnsitz nicht selbst. Und auch nicht die Nationalität. Nach der Geburt unserer Tochter in Peking gingen wir eigentlich davon aus, sie sei Deutsche, wegen des deutschen Vaters. Das sehen chinesische Behörden aber nicht so. Ein Elternteil chinesisch und in China geboren macht nach den Gesetzen der Volksrepublik eine Chinesin. So hatte die Kleine schon als Säugling zwei Pässe, einen deutschen und einen chinesischen. Einer der wenigen Fälle, in denen die sonst diesbezüglich auch nicht sehr offenen deutschen Behörden eine Doppelstaatsangehörigkeit akzeptieren, da es sich um eine besondere Rechtslage handelt.

So offen, dass meine (unter anderem) deutsche Tochter einfach so nach Deutschland einreisen könnte, sind die Deutschen nun aber wiederum auch nicht. Die Komplikation beginnt auf der chinesischen Seite. Zwar dürfen Chinesen im Prinzip frei aus China ausreisen. Die chinesischen Grenzschützer schauen aber, ob im Pass das Visum eines anderen Landes eingetragen ist. Da unsere Tochter nach chinesischem Recht nur Chinesin ist, muss sie deshalb den chinesischen Pass vorzeigen – mit deutschem Visum. Diese Sonderfälle kennend, erteilte die deutsche Botschaft in Peking dieses früher unbürokratisch, kostenfrei und gleich für ein ganzes Jahr, ein sogenanntes »Courtesy-Visum«, wie es auf Neudeutsch heißt, also ein Höflichkeits- oder Gefälligkeitsvisum. Das galt, bis in der Visastelle jemand die Verantwortung übertragen bekam, der fand, gegenüber Kindern mit doppelten Papieren, die weder blond noch blauäugig sind, dürfe man sich so zuvorkommend nicht verhalten. Er schikaniert seither die »Mischlinge« (wie er wahrscheinlich sagen würde), zum Beispiel indem er vorschlägt, sich bei einer Pekinger Behörde eine »Ausreisegenehmigung« zu besorgen. Dazu aber braucht man den *hukou*, »den eingetragenen ständigen Wohnsitz«. Auf dieses Problem aufmerksam gemacht, sagte der Herr von der Botschaft allen Ernstes: »Warum haben Sie Ihre Tochter denn nicht in Peking angemeldet?«

Nun, liebe Mitarbeiter der Botschaft, mit diesem Buch können Sie lernen, was man Ihnen offenbar bei der Vorbereitung auf Ihren China-Aufenthalt nicht erzählt hat. Oft wird behauptet, einen »eingetragenen ständigen Wohnsitz« für Peking zu bekommen ist ungefähr so schwer wie die Erlangung einer Greencard für die USA. Das stimmt aber nicht. Amerikanischer Staatsbürger zu werden ist viel einfacher. Es wird ja jeder, der in den USA geboren ist. Eine Geburt in Peking berechtigt aber noch lange nicht dazu, dort einen ständigen Wohnsitz einzutragen.

Derzeit gibt es für Chinesen folgende Wege, Pekinger zu werden (es muss wohl nicht extra erwähnt werden, dass ein Ausländer niemals Pekinger werden kann):

– Einen Pekinger oder eine Pekingerin heiraten. (Nicht dass man damit automatisch den »eingetragenen ständigen Wohnsitz« bekäme, aber nach ein paar Jahren …)

– Einen Offizier der Volksbefreiungsarmee heiraten, der in Peking stationiert ist. (Die Offiziere selbst haben nirgendwo einen »eingetragenen ständigen Wohnsitz«, da sie in China in vielerlei Hinsicht über dem Gesetz stehen. So rasen ihre Autos, am roten Zeichen 军 *jun* für »Streitkräfte« auf dem Nummernschild erkennbar, auf Seitenstreifen und Fahrradspuren, da die Polizei sie nicht anhalten darf.)

– An einer renommierten Pekinger Universität einen Doktortitel erlangen und zusätzlich nach Studienabschluss einen für die Volkswirtschaft wichtigen Arbeitsplatz in Peking finden.

– In eine hohe Position in einem Staatsunternehmen berufen werden oder ein gesuchter Experte für die Pekinger Hightech-Zone 中关村 *zhongguancun* sein.

Unsere kleine Tochter kann da noch lang schreien, es hilft alles nichts: Sie ist nicht im heiratsfähigen Alter und ihr Kindergarten verleiht keine Doktortitel.

»Eingetragene ständige Wohnsitze« soll es in China schon während der 夏朝 *xia chao*, der Xia-Dynastie vor mehr als 4000 Jahren gegeben haben, falls es die gab, was auch umstritten ist. Sicher aber ist: Seine restriktivste Form erlebte dieses System unter 毛泽东 Mao Zedong (Mao ist sein Familienname, kommt im Chinesischen immer zuerst, sein persönlicher Name Zedong bedeutet wörtlich »auf den Osten scheinen« – offenbar erwarteten also schon seine Eltern einiges von ihm). Bis in die Achtzigerjahre hinein war es für Chinesen so gut wie unmöglich, in einen anderen Landesteil umzuziehen – es sei denn, sie wurden vom Staat dorthin entsandt oder als 反革命 *fangeming*, »Konterrevolutionäre«, verbannt. Wer nicht das Familienbuch mit dem »eingetragenen ständigen Wohnsitz« für den jeweiligen Ort vorweisen konnte, durfte dort nicht arbeiten. Das war illegal und damit strafbar. Er bekam buchstäblich nichts zu essen, denn ihm standen keine Lebensmittelmarken zu. Ihm fehlte die medizinische Versorgung, er wurde im Krankenhaus nicht behandelt. Und Bildung enthielt der Staat seiner Familie ebenfalls vor, ließ die Kinder nicht zur Schule zu. Das Umzugsverbot erleichterte es der

Partei, die Menschen perfekt zu kontrollieren. Verhindert wurde damit aber auch die Entstehung von Slums um die großen Städte, wie man sie aus vielen anderen Ländern der Dritten Welt kennt.

Eine der wichtigsten Reformen von 邓小平 Deng Xiaoping, dem starken Mann nach Mao: Er gab den Chinesen die Freiheit, in andere Landesteile umzuziehen und dort eine »vorübergehende Aufenthaltsgenehmigung« zu bekommen. Die »eingetragenen ständigen Wohnsitze« schaffte er allerdings nicht ab. So sind Chinesen, die in Peking leben, ohne Pekinger zu sein, nach wie vor zahlreichen Diskriminierungen ausgesetzt – die Probleme unserer Tochter erscheinen im Vergleich dazu geringfügig:

- Zwar gibt es kein generelles Arbeitsverbot mehr, aber viele gute Stellen werden nur an Bewerber mit »eingetragenem ständigen Wohnsitz« für Peking vergeben.
- Die Kinder von »echten« Pekingern werden bevorzugt zu den Pekinger Universitäten zugelassen.
- Obwohl Chinesen aus anderen Provinzen im Normalfall ein geringeres Vermögen als die alteingesessenen Einwohner besitzen, müssen sie für fast alles mehr bezahlen: vom Wohnen, da sie keine preisgeschützten Apartments aus dem sozialen Wohnungsbau kaufen dürfen, bis zum Schulgeld, weil ihre Kinder von vielen staatlichen Schulen und Kindergärten nicht aufgenommen werden und sie deshalb in private Einrichtungen müssen.
- Wer als Zugezogener in Peking zum Arzt geht, muss die Behandlungskosten selbst bezahlen (es sei denn, er

hat eine Privatversicherung abgeschlossen, die vielfach mehr kostet als die öffentliche Versicherung für die mit »eingetragenem ständigen Wohnsitz«).

Aber von all den bürokratischen Besonderheiten abgesehen: Wodurch zeichnet sich der alteingesessene Pekinger aus? Bestimmt nicht durch das, was mir einmal einer der Deutschen erzählte, der gerade ein paar Tage in China weilte, doch bereits alles besser wusste: Die Pekinger seien nicht so locker (etwa im Vergleich zu den Shanghaiern), weil Peking im Norden liege. Das Gegenteil ist wahr. Zwar heißt 北京 Beijing »nördliche Hauptstadt«, im Unterschied zur ehemaligen Hauptstadt 南京 Nanjing, »südliche Hauptstadt«. Im chinesischen Vergleich liegt Peking also nördlich, aber immer noch auf dem 40. Breitengrad, das wäre in Europa zwischen Neapel und Sizilien. Und die Italiener sind ja auch nicht gerade für mangelndes Temperament bekannt.

Pekinger können zunächst einmal mürrisch wirken, müssen wie alle Chinesen erst mit einem warm werden, aber das passiert bei den nördlichen Hauptstädtern sehr schnell. Nach drei Gängen Essen oder zwei Flaschen Bier zählt man oft schon als 老朋友 *lao pengyou*, »alter Freund«, und das ist keinesfalls immer geschäftlich gemeint, wie Shanghaiern in ähnlichen Situationen oft unterstellt wird. Pekinger sind 贫 *pin*, »schwatzhaft«, kommen schnell von einem Thema zum nächsten und plaudern ohne Ende, manchmal ohne tiefen Gehalt, nur um die Zeit totzuschlagen oder sich mit anderen anzufreunden. Aber sie erzählen oft mit Witz und Humor.

Pekinger zeichnen sich durch 大话 *dahua*, »große Worte«, aus, prahlen gern ein bisschen und machen sich wichtig. Ihre Kritiker in anderen Teilen Chinas behaupten, sie redeten lieber, als etwas zu tun. Sie sprechen über China und die Welt, oft auch über Politik. Ein Shanghaier Journalist dagegen sagte mir einmal: »Wir Shanghaier sind da ganz anders als die Hauptstädter. Nicht einmal im Kollegenkreis diskutieren wir über Politik. Wir unterhalten uns vor allem über die Aktienkurse.«

Pekinger sind 大方 *dafang*, wörtlich »großquadratig«, was natürlich und ungezwungen bedeutet, aber auch freigebig und großzügig. Das heißt: Pekinger sind gute Kumpel. Oft streiten sie sich lautstark um die Restaurantrechnung, halten den anderen an den Armen fest – um zu verhindern, dass er bezahlt, weil sie selbst einladen wollen. Die Rechnung zu teilen, ist überall in China verpönt, in Peking aber besonders. Wenn Ausländer das hier tun, kommentieren die Kellnerinnen oft lautstark: »怪 *guai!*«, das bedeutet »sonderbar!«.

Pekinger nehmen alles nicht so genau, sind unzuverlässig in Alltagsdingen. 不靠谱 *bu kaopu*, »sich nicht an ein Register anlehnen«, ist der Pekinger Ausdruck dafür. Man sollte es ihnen nicht übel nehmen, wenn sie überschwänglich ankündigen: »Nächste Woche müssen wir uns unbedingt treffen! Ich rufe dich gleich am Montag an.« Bis dahin ist das längst vergessen.

Um Details kümmern sie sich ungern, manche von ihnen gelten deshalb als 马虎 *mahu*, »nachlässig«. Gewöhnungsbedürftig ist es für deutsche Manager hier, wenn ihnen die Buchhalterin erfreut verkündet: »Bei

25

der Monatsabrechnung haben wir nur einen Fehlbetrag von 1000 Yuan, es stimmt also 差不多 *chabuduo*, mehr oder weniger.« Oft ist das aber auch sehr angenehm. Wenn etwas im Laden 10,20 Yuan kostet, man einen Zehnyuanschein übergibt und dann nach Kleingeld kramt, sagt die Verkäuferin meist: »Ach, lassen Sie es stecken.« Selbst Taxifahrer runden hier manchmal ein, zwei Yuan vom Preis ab, falls der Fahrgast nur große Scheine hat. Da es in China kein Trinkgeld gibt, wird auf keinen Fall aufgerundet.

»Das Land ist groß, der Kaiser ist weit weg«, sagt man in Chinas Provinzen. Daraus lässt sich aber nicht umgekehrt schließen, die Hauptstädter handelten besonders buchstabengetreu. Jeden Morgen ging ich beim Betreten des Gebäudes, in dem unser Stern-Büro untergebracht war, an einem Schild vorbei mit der Inschrift: »1. In diesem Gebäude dürfen keine Räume an ausländische Journalisten vermietet werden. 2. Hunde größer als 350 Millimeter sind verboten.« Das hatte eine merkwürdige Komik, da zu Kolonialzeiten in manchen chinesischen Parks die Regel galt: »Hunde und Chinesen müssen draußen bleiben.« Doch während dies schlimmer Ernst war, hatte Peking das Gesetz, das ausländische Journalisten nur in wenigen, leicht zu kontrollierenden Siedlungen wohnen ließ, längst aufgehoben. Es hatte sich nur einfach keiner die Mühe gemacht, das Schild abzuhängen. Die Vorschrift mit den Hunden galt weiterhin. Aber es hielt sich keiner daran. Deutlich größere schwarz-weiß gefleckte Doggen und Afghanische Windhunde wurden auf dem Gelände Gassi geführt.

»Außerörtliche Menschen«

Es gehört zu den im Westen verbreiteten Vorstellungen, Peking sei weniger international als Shanghai. Stimmt das? Das hängt davon ab, was man unter »international« versteht. Nimmt man die Zahl der Ausländer als Maßstab – von denen leben in beiden Metropolen jeweils etwas mehr als 100 000 (es gibt keine klaren Statistiken, beide Städte jonglieren mit Zahlen, die einander widersprechen). Ein Großteil davon sind Mitarbeiter internationaler Firmen. In Peking residieren viele Diplomaten, natürlich wegen der Botschaften hier mehr als in Shanghai, dort gibt es nur Konsulate. Ausländische Journalisten wählen eher Peking als ihren Sitz, da es die Hauptstadt ist. Hinzu kommen die Sprachstudenten. Sie bevorzugen Peking, da sie hier auf der Straße Mandarin hören, in Shanghai überwiegt das örtliche Shanghainesisch.

Wer mich in Peking am meisten begeistert (was mir alles in Shanghai gefällt, das erzähle ich im zweiten Teil dieses Buchs): Die Einwanderer aus anderen Teilen Chinas, die hier leben. Von den 17,4 Millionen Menschen im Verwaltungsgebiet Peking sind 5,4 Millionen Chinesen von woanders mit vorübergehender Aufenthaltsgenehmigung (hinzu kommt eine unbekannte Zahl von Illegalen, die sich nicht angemeldet haben). Die Pekinger nennen die Zugezogenen, manchmal mit etwas abschätzigem Unterton, 外地人 *waidiren*, wörtlich »Außerörtliche Menschen«. In China herrscht nach offiziellem Selbstverständnis der »Sozialismus mit chinesischen Besonderheiten«, doch in Wahrheit ist das Land gespalten in Klassen, die sich krass unterscheiden. Und so ist »außerörtlicher Mensch« nicht gleich »außerörtlicher Mensch«. Unter diesen Begriff fallen Wanderarbeiter, die in einer Blechhütte hausen oder im Hinterraum des Restaurants schlafen, in dem sie arbeiten. Aber es gehören auch hochqualifizierte Neueinwohner dazu, die hier große Karriere machen oder diese anstreben.

Ob ich als Manager Schlüsselpositionen besetzte oder als Stern-Korrespondent mit einheimischen Reportern zusammenarbeitete, das meiste Engagement und Talent zeigten immer die, die erst in den letzten Jahren nach Peking gekommen waren. Was New York, Sydney oder Toronto für die Welt sind, ist Peking für China. Wer etwas werden will, geht auch mal nach Shanghai, eher aber nach Peking, weil es das politische Zentrum des Reichs der Mitte ist. Davon hängt viel ab in einem Land, in dem man ohne politische Beziehungen nichts bewegen kann. Trotz der großen Rolle von Shanghai als Businesscenter haben deshalb viele Unternehmen ihre Zentralen oder zumindest große Repräsentanzen in der Hauptstadt. Vor allem aber ist Peking das kulturelle Zentrum Chinas. Hier wohnen die meisten Regisseure, Schauspielerinnen und Künstler. Hier sitzen die alten und die neuen Medien.

Chinesen kommen von überall nach Peking und bereichern es mit ihrer Kreativität, machen die Hauptstadt dadurch zu einem offenen Ort, wie die Chinesen sagen 多元 *duoyuan*, »viel und weit«. Die Einwanderer, die in Peking ihr Glück suchen, sind beseelt vom gleichen Geist, den Frank Sinatra in »New York, New York« besang: »If I can make it there, I'll make it anywhere.« Im Chinesischen heißt es: Sie haben 活力 *huoli*, »Lebenskraft«, sind engagiert und energisch.

Pekinesisch

Chinesen sprechen Chinesisch? Das ist etwa so richtig wie die Aussage: Europäer sprechen Europäisch. Landesteile, manchmal sogar Städte, haben in China eigene Sprachen, sie unterscheiden sich voneinander so stark wie europäische Sprachen.

Identisch sind die Schriftzeichen – fast überall, denn die Volksrepublik führte unter Mao vereinfachte Schriftzeichen ein, während in Hongkong und Taiwan noch die traditionellen Zeichen geschrieben werden. Jedes Zeichen steht für einen Begriff, wird aber in den verschiedenen Dialekten ganz unterschiedlich ausgesprochen. 再见 etwa sind die Zeichen für »wieder« und »treffen«, also »auf Wiedersehen«. Ein Pekinger liest das »zai jian«, ein Shanghaier »zei wei« und ein Hongkonger »joi gin«. Früher brauchten die Chinesen die Schriftzeichen, um sich zu verständigen, weshalb sie auch als »zweite

30

Große Mauer« bezeichnet wurden, die China zusammenhielt.

Heute aber beherrschen 53 Prozent der Chinesen das 普通话 *putonghua,* wörtlich die »allgemeine Sprache«, also das Hochchinesisch oder Mandarin. Das ist nicht nur dem verbesserten Bildungswesen zu verdanken, sondern vor allem dem Fernsehen. Es strahlt Sendungen in Mandarin bis ins hinterste Bergdorf aus. Zu Maos Zeiten konnten die meisten Chinesen die Staatssprache noch nicht. Nicht einmal Mao selbst. Er sprach den Dialekt seiner Heimatprovinz Hunan und wurde von vielen nicht verstanden. Deng Xiaoping, der starke Mann nach ihm, sprach Sichuanesisch und war auf seine Töchter angewiesen, die für ihn ins Hochchinesische dolmetschten.

Die gute Nachricht für die Pekinger und alle nach Peking Zugereisten: Der Pekinger Dialekt und die anderen nordchinesischen Dialekte entsprechen weitgehend dem Mandarin. Allerdings gibt es einige Besonderheiten des 京片儿 *jing pian'er,* des »Hauptstadt-Platt«, an denen man den Ureinwohner Pekings erkennt. So hängt er gern an jedes dritte Wort ein 儿 *er,* wobei man das »E« kaum hört, betont wird das »R«. Das übrigens auch zum Märchen, Chinesen würden kein »R« kennen und es deshalb als »L« aussprechen, worüber gern auch Karikaturisten und Olympia-Kolumnisten mit gepflegtem Halbwissen ihre Scherze reißen. Der Pekinger etwa macht aus dem hochchinesischen 北边 *beibian,* Norden, 北边儿 *beibian'er,* was dann wie »beibiar« klingt. Daran erkennt man eine zweite Besonderheit des Pekinesischen: Laute zu verschlucken. Wobei mir das nach einer linguistischen Entschuldigung für die Faulheit der Pekinger Taxifahrer klingt, die beim Sprechen ungern den Mund öffnen.

Ansonsten stimmt die Peking-Sprache mit dem Mandarin überein. So gibt es vier verschiedene Töne, hoch und gleichbleibend, steigend, fallend-steigend und fallend. Was in der lateinischen Umschrift gleich aussieht, kann ganz verschiedene Bedeutung haben. *Ba* etwa kann in den verschiedenen Aussprachen 八 »acht« heißen, 拔 »ziehen«, 把 »ergreifen« oder 爸 »Papa«. Um es noch komplizierter zu machen: Es gibt jeweils auch mehrere Schriftzeichen, die völlig gleich ausgesprochen werden. So klingt beispielsweise 疤 *ba* »Narbe« wie das *ba* in »acht« oder 坝 *ba* »Staudamm« wie das *ba* in »Papa«. Beim Sprechen kommt es also immer auf den Kontext an, und selbst dann entstehen noch Missverständnisse, auch unter Chinesen. Deshalb malen sie in Konversationen manchmal Schriftzeichen mit dem Finger in die Luft, um klarzustellen, was sie meinen.

Die chinesische Regierung erwog vor 100 Jahren, die Schriftzeichen durch unser Alphabet zu ersetzen. Ein Professor der Peking-Universität schrieb darauf eine kurze – etwas abstruse – Geschichte über einen Dichter, genannt Herr Shi, der in einem Steinhaus lebte und süchtig danach wurde, Löwen zu essen. Er suchte nach Löwen und fand auch tatsächlich zehn auf einem Markt, merkte aber erst zu Hause, dass sie alle schon tot waren. (In China kaufte man bis vor wenigen Jahren fast alle Tiere noch lebend auf dem Markt und tötete sie erst zu Hause.) Eine knappe Geschichte aus 95 Schriftzeichen, skurril, aber in sich schlüssig. Und sehr geeignet, zu zeigen, wie unverständlich ein Text wird, wenn man lediglich die lateinische Schrift und keine Schriftzeichen verwendet. Denn dann würde die Geschichte so aussehen:

Shi shi shi shi shi

Shi shi shi shi shi shi, shi shi shi, shi shi shi shi. Shi shi shi shi shi shi shi. Shi shi, shi shi shi, shi shi shi shi shi. Shi shi, shi shi shi shi shi, shi shi shi shi shi, shi shi shi shi shi shi. Shi shi shi shi shi shi shi shi. Shi shi shi, shi shi shi shi shi shi, shi shi shi, shi shi shi shi shi shi shi shi, shi shi, shi shi shi shi shi shi shi

Shi shi shi shi!

Offensichtlich ist es doch nicht so eine gute Idee, die Schriftzeichen zu ersetzen durch ihre lateinische Umschrift , das 拼音 *pinyin*. Trotzdem hat dieses eine große Bedeutung. Chinesische Kinder, deren Muttersprache ein dem Mandarin unähnlicher Dialekt ist, lernen mit unserem Abc das Hochchinesisch, da die Schriftzeichen ja nichts über die Aussprache aussagen. Vor allem aber schreibt man mithilfe der westlichen Buchstaben die Schriftzeichen am Computer und in SMS: Man gibt die lateinische Umschrift ein, sieht auf dem Display alle Schriftzeichen, die so geschrieben werden, und klickt das Gewünschte an. Chinesen simsen schneller als wir. Denn die Geräte sind so eingerichtet, dass die am häufigsten gebrauchten Schriftzeichen zuerst kommen und dann gleich die oft als Nächstes gewählten Schriftzeichen angezeigt werden.

Wie in anderen asiatischen Ländern sind auch in China SMS der bevorzugte Weg, sich auszutauschen, nicht nur unter Jugendlichen. Gefühle, ob Zuneigung oder Ärger, sagt man sich hier nicht so gern ins Gesicht, auch wenn dies den Pekingern vergleichsweise leichter fällt als den Shanghaiern. Deshalb sieht man in China oft Liebespaare auf Parkbänken, die sich gegenseitig SMS zuschicken, obwohl sie nebeneinandersitzen. Wenn man sich etwas ins Gesicht sagt, kann man das Gesicht, 面子 *mianzi*, verlieren. Das ist das Schlimmste, was einem Chinesen passieren kann. Auch westliche Menschen geraten nicht gern in peinliche Situationen, auch ihnen ist ihr Prestige wichtig. Doch solange sie mit sich selbst im Reinen sind, können sie mit Kritik oder Zurückweisung umgehen. Einem Chinesen fällt das nicht so leicht. Chinesen sehen alle privaten und beruflichen Begebenheiten unter dem Aspekt des Erringens, Gebens und Verlierens des Gesichts. Der Umweg über moderne technische Medien wie SMS oder Instant Messenger macht eine schlechte Nachricht nicht besser und ein intimes Verlangen nicht weniger intim. Doch die schwierigen Schriftzeichen gehen Chinesen leichter von der Hand als offene Worte aus dem Mund.

Oft schadet der technische Fortschritt aber dem persönlichen Austausch. Das Frühjahrsfest fällt abhängig vom Mondkalender auf Januar oder Februar und wiegt hier mehr als bei uns Weihnachten und Neujahr zusammen. Früher pinselten die Chinesen deshalb bedeutungsschwere Grüße auf Karten mit Tuschmalereien.

Heute gibt es manchmal eine identische SMS für alle Bekannten. Gelegentlich wird gar einfach der Gruß von jemand anderem weitergeleitet.

Ein Palast und sechs Ringe drum herum

Manche Neuankömmlinge klagen, es sei schwer, sich in Peking zurechtzufinden. Auch mir fiel es in meiner Studentenzeit nicht immer leicht, als ich mich noch vom Außenbezirk Haidian in die Stadt bewegte. Das mag daran gelegen haben, dass die Architektur damals weniger abwechslungsreich war als heute. Vielleicht entsteht der Eindruck aber auch dadurch, dass in Peking schnell Neues entsteht und manchmal genauso schnell wieder verschwindet. Hier ruft man nicht im Restaurant an, um einen Platz zu reservieren, sondern um zu fragen, ob es noch steht. Nie mehr wiedergefunden habe ich etwa die Disco, die nicht warb mit »Ladies Eintritt frei«, sondern mit »Ausländer Eintritt frei«. Sie hatte übrigens der Volksbefreiungsarmee gehört.

Doch all dieses Werden und Vergehen ändert nichts am ewigen Peking: Es ist nach einem kosmisch einfachen Schema aufgebaut. Man muss nur, wie die Pekinger, genau wissen, wo Nord und Süd, Ost und West liegen. Denn viele Hauptstraßen folgen genau den Himmelsrichtungen. Wenn man Pekinger nach dem Weg fragt, sagen sie nicht »200 Meter geradeaus und dann links«, sondern »200 Meter Richtung Süden und dann nach Osten«.

Eine kosmische Bedeutung hat Peking für die Chinesen schon etwas länger. Auch deshalb schaut man hier mit Geringschätzung auf den Emporkömmling Shanghai, der erst mit der Kolonialisierung vor gut 150 Jahren wichtig wurde. Peking hingegen blickt auf eine 3000-jährige Geschichte zurück, wurde bereits 1000 Jahre vor Christus urkundlich erwähnt. Als auf dem Gebiet des heutigen Chinas noch sieben Reiche miteinander stritten, war es unter dem Namen 燕京 Yanjing die Hauptstadt der Yan (so heißt übrigens heute noch eine Pekinger Biersorte). Der Einiger des Reichs und erste Kaiser von China, Qin Shi Huangdi (皇帝 *huangdi* heißt Kaiser), eroberte Peking 221 vor Christus.

Das historische Peking, wie wir es heute kennen, entstand im 15. Jahrhundert unter Kaiser 永乐 Yongle aus der Ming-Dynastie, wörtlich bedeutet sein Name »ewige Freude«. In der Mitte steht der 故宫 *gugong*, der ehemalige Kaiserpalast, neben den Pyramiden und der Akropolis eines der Prunkstücke der Weltarchitektur. Selbst wer noch nie in China war, kennt ihn aus Bernardo Bertoluccis Monumentalepos »Der letzte Kaiser«.

Der Film beruht auf der Autobiografie des Gärtners Pu Yi. Des Gärtners? Ja, das war unter Mao der Job des letzten Kaisers von China. Bereits 1912, wenige Tage nach seinem sechsten Geburtstag, musste er wegen der demokratischen Revolution abdanken. Über seine Kindheit davor schrieb er: »Wenn ich die Kaiserlichen Gärten zum Spielen aufsuchte, reihte sich eine Riesenprozession auf: An der Spitze schritt ein Eunuche der Internen Palastverwaltung, der die Funktion der Autohupe wahrnahm – er zischte unaufhörlich ›Tschh!… tschh!…‹, um jede Person in der Nähe zu warnen; zwanzig bis dreißig Schritte dahinter folgten ihm zwei Generaleunuchen, die querbeinig auf beiden Seiten des Wegs einherwatschelten; und mit weiteren zehn Schritten Rückstand kam das Hauptstück der Prozession – ich selbst oder die Kaiserwitwe in meiner Begleitung. Wurde ich in der Sänfte getragen, schritten zwei Jungeunuchen links und rechts neben mir, um meiner Wünsche gewärtig zu sein. Ging ich zu Fuß, griffen sie mir unter die Arme, um mich zu stützen. Hinter mir folgte ein Eunuche, der einen großen seidenen Baldachin balancierte, und wieder dahinter schloss sich eine große Schar von weiteren Eunuchen an, von denen ein Teil gar nichts, die anderen aber alle möglichen Arten von Utensilien mit sich trugen: einen Stuhl zur Rast, Kleider zum Wechseln, Regenschirme, Sonnenschirme. Nach diesen Kammereunuchen der Kaiserlichen Präsenz kamen die Eunuchen des Kaiserlichen Teebüros, die in einer Sammlung von Schachteln und Behältern tausenderlei Arten von Gebäck, kleineren Erfrischungen und Delikatessen und zahllose Teesorten nebst großen Kannen mit heißem Wasser und dem nötigen Geschirr mit

sich führten. Ihnen folgten die Eunuchen der Kaiserlichen Apotheke mit Tragstangen, an denen fast alle
möglichen Mittel für den Hausgebrauch und für Not-
fälle in Kästen verstaut baumelten … Den Schluss der
Prozession bildeten Eunuchen, die Nachtstuhl und
Nachttopf mit sich schleppten … Abgesehen von dem
aufwendigen täglichen Hofzeremoniell wirkten auch die
Gebäude um mich herum und die Ausstattung des Palasts
unmittelbar auf meine Erziehung ein. Nicht nur die gold-
gelb glasierten Ziegel auf den Dächern, sondern auch
die Höhe der Gebäude selbst waren ausschließliches Pri-
vileg des Kaisers und verbürgten mir von klein auf, dass
›alles Land auf Erden dem Kaiser untertan ist‹ und selbst
der Himmel darüber keinen anderen Herrn kannte.«

Noch zwölf Jahre nach dem Ende der Monarchie
lebte Pu Yi im Palast, mit 470 Eunuchen sowie 100 Hofdamen und Konkubinen, beschützt von 1200 Wachsol-
daten. Dann entschied sich die Regierung der Republik
China, dem Bewohner ihrer teuersten Immobilie kurzfristig zu kündigen. Für Räumung und Umzug gab sie
ihm 24 Stunden Zeit. Damit alles reibungslos vonstatten
ging, entwaffneten Regierungstruppen die Wachen des
Exkaisers. Der Kommandant des Räumungskomman-
dos stellte ihn zur Rede: »Sind Sie noch der Kaiser?«,
fragte er ihn. Pu Yi antwortete: »Ich bin ein einfacher
Bürger der Republik China.« Dann wurde er in einer
Wagenkolonne weggefahren, saß zum ersten Mal in seinem Leben in einem Auto.

Vorbei waren die fast 500 Jahre, in denen China von
hier aus gelenkt worden war. Elf Monate später, am

10. Oktober 1925, wurde der Gugong als Palastmuseum erstmals fürs einfache Volk geöffnet. Er heißt auch »Verbotene Stadt«, da ihn früher nur der Kaiser, seine Angehörigen, Minister und Gesandte, Konkubinen und Eunuchen betreten durften. 200 000 Arbeiter bauten ihn im 15. Jahrhundert, acht Paläste, acht Hallen und fünf Torbögen, zehn Meter hohe Mauern, insgesamt 9999 Räume – einen weniger als der große Palast im Himmel dem Glauben nach hat. 10 000, im Chinesischen 万 *wan*, gilt hier als magische Zahl. Eine Million heißt 一百万 *yibaiwan*, wörtlich »einhundert mal zehntausend«. Für »lang lebe« (der Kaiser, der Vorsitzende Mao) ruft man 万岁 *wansui*, »zehntausend Lebensjahre« – er möge so alt werden.

Die meisten Schätze des Palastmuseums befinden sich übrigens nicht mehr in Peking, sondern sind 1700 Kilometer entfernt im Nationalen Palastmuseum in Taiwan zu besichtigen, wo 650 000 wertvolle Stücke der mehrtausendjährigen chinesischen Kultur ausgestellt werden. Als 1937 die Japaner Peking besetzten, wurden die kaiserlichen Schätze auf geheimnisvollen Wegen in Sicherheit gebracht – und nach dem Sieg der Kommunisten 1949 von den Truppen Chiang Kai-sheks mit nach Taiwan genommen. Ein Glück für China, weil vieles sonst in Maos Kulturrevolution zerstört worden wäre. Mao hatte sogar vor, den Kaiserpalast abzureißen und an derselben Stelle eine neue Parteizentrale zu errichten. Die Baupläne dafür waren bereits gezeichnet. Mit dem Kaiserpalast wäre eines der wichtigsten Schmuckstücke der chinesischen Geschichte vernichtet worden.

Der Kaiserpalast wurde als Abbild des Kosmos errichtet, einem Prinzip der chinesischen Architektur folgend, das über 3000 Jahre alt ist. Alle Tore und Zeremonialgebäude stehen auf der Nord-Süd-Achse. Die Haupthallen, etwa die Halle zur Kultivierung des Herzens und die Halle der Vollkommenen Harmonie, schauen nach Süden und übersehen Höfe aus kleineren Bauten, in denen die Eunuchen und die Konkubinen wohnten. Den Weg entlang der Nord-Süd-Achse durfte nur der Kaiser benutzen, natürlich auf einer Sänfte getragen. Die Kaiserin, Minister und die Konkubinen schritten auf den Seitenwegen und betraten die Haupthallen durch Seiteneingänge.

Als 1644 aufständische Bauern in Peking einzogen, tötete Chongzhen, der letzte Kaiser der Ming-Dynastie, in der Verbotenen Stadt mit eigener Hand die Hofdamen und seine Tochter. Er selbst erhängte sich dann im 景山 Jingshan-Park, wörtlich »Aussichtshügel«-Park, der sich, ebenfalls genau auf der Nord-Süd-Achse, im Norden dem Palast anschließt. Wie die Pekinger heute das Nationalstadion »Vogelnest« nennen und das Nationale Schwimmzentrum »Wasserwürfel«, so hatten sie für den Jingshan schon damals einen Spitznamen: 煤山 *meishan*, »Kohlehügel«. In den Zeiten vor Smog und Wolkenkratzern konnte man von hier aus über ganz Peking blicken. Heute noch bekommen Sie hier den besten Ausblick über die Verbotene Stadt. Weiter auf der kaiserlichen Nord-Süd-Achse folgen der Trommelturm, in dem Musiker die Uhrzeit im Halbstundenrhythmus trommeln, und der Glockenturm mit seiner 63 Tonnen

schweren Glocke, die mit einer dicken Stange geschlagen wird…

Der Gang durch die Verbotene Stadt lässt die Besucher erschaudern angesichts von so viel Geschichte. Die
Rebellen wurden bald niedergemetzelt von den Truppen der Qing-Dynastie, der Dynastie der letzten Kaiser.
Sie gehörten nicht zu den 汉 *han*, der chinesischen
Mehrheitsnationalität, sondern stammten aus der Mand-
schurei, wurden von vielen Chinesen deshalb als Fremd-
herrscher angesehen. Doch sie gaben sich als Rächer der
Ming aus.

Der Qing-Kaiser Shunzhi stützte sich in der Verbotenen Stadt auf die Dienste eines Deutschen, des Kölner
Jesuitenpaters Adam Schall von Bell. Er ernannte ihn
zum Hofastronomen und beförderte ihn 1658 sogar zum
Mandarin 1. Klasse, also zu einem der höchsten Beam-
ten des Reichs der Mitte. Doch als der Kaiser plötzlich
starb, wurde dem Deutschen die Schuld gegeben. Er
bekam die Höchststrafe, sollte bei lebendigem Leib mit
3357 Messerstichen zerstückelt werden. Das Erscheinen
eines Kometen und ein nachfolgendes Erdbeben retteten ihm das Leben. Sie wurden als göttlicher Beweis
für Schalls Unschuld gedeutet. Auch darum war die
Pekinger Führung nach dem Erdbeben in Sichuan vom
12. Mai 2008 so besorgt. Denn Chinesen glauben traditionell, Naturkatastrophen zeigten an, ein Herrscher
habe das Mandat des Himmels verloren.

Das Leben am Hof folgte ebenso strengen Regeln
wie die Ausrichtung der Gebäude. Die Konkubine
kniete vor der Kaiserin, die Kaiserin vor dem Kaiser, der

Kaiser vor seiner Mutter. Jeden Abend reichte der Chef-Eunuch dem Kaiser ein Silbertablett mit kleinen Schildern aus Jade, auf die Namen von Konkubinen geschrieben waren. 9000 Liebesdienerinnen, Hofdamen und Eunuchen dienten den Herrschern in besten Zeiten. Hatte der Kaiser seine Wahl für die Nacht getroffen, beeilte sich der Eunuch mit den Vorbereitungen: Er zog die Erwählte aus, badete sie, enthaarte sie und hüllte sie nackt in ein Gewand aus Federn – in ihren eigenen Kleidern hätte sie einen Dolch verstecken können. Immerhin hatten 18 Konkubinen im Jahr 1542 versucht, Kaiser Jiajing in der Nacht zu erdrosseln. Motiv: Dem Kaiser ging der Ruf voraus, er wolle Mädchen zu Pillen verarbeiten lassen, die ihm ein langes Leben bescherten.

An die lebensverlängernde Wirkung von Sex mit jungen Frauen glaubte auch Mao Zedong. Das berichtet sein Leibarzt Li Zhisui. Am Eingang der Verbotenen Stadt blickt Mao vom wohl bekanntesten Porträtgemälde der Erde herunter. Es hängt am 天安门 *tiananmen*, dem Tor des Himmlischen Friedens. Zu seiner Rechten, oder wie Pekinger sagen würden südwestlich von ihm, steht die 人民大会堂 *renmin dahuitang*, die Große Halle des Volkes, in der noch heute der Volkskongress tagt, das chinesische Scheinparlament, das nur einmal im Jahr für zwei Wochen zusammentritt. Im prunkvoll eingerichteten »Ruheraum« 118 vergnügte sich Mao damals mit schönen jungen Frauen vom Lande, »Tanzpartnerinnen« genannt, den Konkubinen des roten Kaisers. Sie wurden ihm zu Dutzenden gemeinsam zugeführt. Er tanzte mit ihnen zur Melodie von »Der Freude suchende Drache flirtet mit dem Phönix«, einem Lied, das zu dieser Zeit in China als pornografisch verboten war. Dann wählte Mao die fünf hübschesten aus und zog sich mit ihnen zurück. Er stand auf Sex mit mehreren Frauen. Die Mädchen empfanden es als Ehre, sich dem »Großen Vorsitzenden« hinzugeben, so wird erzählt.

Die Tänzerinnen dienten Mao bei der Suche nach dem schnellen himmlischen Glück. Darüber hinaus umgab er sich mit Geliebten, einer Dolmetscherin, einer Krankenschwester, einer Zugbegleiterin und vielen anderen. Eine von ihnen, Zhang Yufeng, vertrat ihn am Ende sogar auf den Sitzungen des Politbüros. Ihre einzige Qualifikation: Im Alter von 18 Jahren hatte sie als Stewardess in Maos Sonderzug gearbeitet und war eine seiner Mätressen geworden.

Das sechs Meter 50 hohe und fünf Meter breite Bild Maos am Tor des Himmlischen Friedens ist handgemalt und wird jedes Jahr vor dem Gründungstag der Volksrepublik China am 1. Oktober durch ein neues, identisches ersetzt. Derzeit malt es Ge Xiaoguang, der vierte Staatsmaler seit 1949, der mit diesem Projekt befasst ist. Raum für künstlerische Freiheit lässt es allerdings nicht. Ge zeichnet zunächst die immer gleichen Umrisse, dann sprüht er sie mit den immer gleichen Ölfarben aus. Sie sollen dem Gesicht eine rosig strahlende Aura verleihen. Für ein Porträt braucht der Künstler 15 Tage. In den Anfangsjahren der Volksrepublik wurde das Führerbildnis nur am 1. Mai und am 1. Oktober aufgehängt.

Dann wuchs Maos Größenwahn. Seit Beginn der Kulturrevolution 1966, in der Mao Millionen Chinesen ermorden ließ, hängt es dauerhaft. Die im Londoner Exil lebende chinesische Mao-Biografin Jung Chang erregt sich: »Es ist, als würde Hitlers Porträt am Brandenburger Tor hängen.«

Auch der echte Mao ist noch da. Keiner traut sich, ihn zu beerdigen. Seit seinem Tod 1976 liegt die einbalsamierte Leiche im Mausoleum unter Kristallglas aufgebahrt. Menschen stehen anderthalb Stunden Schlange. Manche wollen Mao die letzte Ehre erweisen, andere ihn einfach aus Schaulust sehen. Ordner rufen mit Megafon dazu auf, schneller zu gehen.

Das Mausoleum im Süden, die Große Halle des Volkes im Westen, das Tor mit dem Mao-Porträt im Norden und Chinas Nationalmuseum im Osten rahmen den 天安门广场 *Tiananmen Guangchang* ein, den Platz des Himmlischen Friedens (wörtlich Platz am Tor des Himmlischen Friedens). Er ist der größte befestigte Platz der Erde. In seiner ursprünglichen Form wurde er 1651 gebaut. Mao ließ ihn 1958 zementieren und die Fläche vervierfachen, weil er große Paraden liebte. Der Tiananmen ist wohl auch der bestbewachte Platz weltweit. Es wimmelt von Polizisten in Uniform und Zivil, Letztere erkennbar daran, dass sie plötzlich ihre Ausweise zücken und Taschen und Plastiktüten von Chinesen vom Lande untersuchen, weil sie fürchten, darin könnten Spruchbänder oder Sprengstoff versteckt sein.

Rote Fahnen flattern im Wind, aus Lautsprechern klingen oft patriotische oder revolutionäre Weisen. Das berührt den Besucher. Doch das Gefühl, Geschichte zu erleben, entsteht vor allem aus dem Wissen heraus, was auf diesem Platz alles passiert ist. Bis zu einer Million Menschen können sich darauf versammeln, und sie haben es immer wieder getan, in guten wie in schlechten Zeiten.

Am 4. Mai 1919 demonstrierten hier Studenten für Demokratie und gegen den Versailler Vertrag. Sie gelten heute in China als Helden. Das Denkmal für die Helden des Volkes, ein 38 Meter hoher Obelisk auf dem Platz, erinnert an sie und andere revolutionäre Bewegungen. Noch geschwiegen werden muss aber über ihre Nachfahren aus dem Jahr 1989, die hier für Demokratie und gegen Korruption demonstrierten.

Sie versammelten sich zunächst, um Hu Yaobang zu betrauern, den verstorbenen ehemaligen Parteivorsitzenden, der ein offenes Ohr gehabt hatte für die Nöte der Bevölkerung. Über Wochen trafen immer mehr Menschen auf dem Platz ein, erst Studenten, dann auch Arbeiter und Angestellte. Sie bewegte das Gleiche, was in Peking heute noch die brennende Frage ist: die Allmacht der Partei, der daraus resultierende Machtmissbrauch und die Korruption. Die Protestierenden wurden zunehmend politisch, spalteten sich in verschiedene Gruppen. Einige von ihnen traten in den Hungerstreik. Vor laufenden Fernsehkameras beschimpften sie den Regierungschef. Andere stellten eine Nachbildung der amerikanischen Freiheitsstatue auf den Platz. Einer warf Farbe auf das Mao-Porträt am Tor des Himmlischen Friedens. Die Führung verlor die Kontrolle.

Am 4. Juni 1989 rollten Panzer der Volksbefreiungs-armee auf den Platz und in die umliegenden Straßen. Eine Pekingerin, die damals dabei war, erzählt: »Als die Panzer vorbei waren, da lagen nur Leichen, da blieben nur Tote zurück, und es kamen sofort Soldaten, Poli-zisten, die Benzin draufgossen und die Leichen sofort verbrannten. So wollten sie die Spuren löschen, damit man nicht zählen und nicht wissen kann, wie viele Men-schen ermordet wurden. Und dann war da ein Kran-kenwagen. Drinnen saßen viele verletzte Studenten. Die Fahrer waren alle aus Angst weggelaufen. Dann hat ein Student gesagt: Ich kann fahren, ich fahre euch weg. Er ist eingestiegen. Als er gerade anfahren wollte, kam ein Polizist, ein Anti-Gewalt-Polizist, das ist eine Spe-zialeinheit, und hat erst einmal diesen Fahrer erschos-sen. Dann kamen weitere Polizisten in den Wagen, ha-ben alle Studenten, die im Wagen saßen, erschossen. Einen vollen Wagen.«

Pekings wechselvolle Geschichte ist mit Blut ge-schrieben. Und ihre Dramen spielten immer wieder auf diesem Platz des Himmlischen Friedens. Auch am 18. August 1966 demonstrierten hier Jugendliche, aller-dings nicht gegen die Staatsmacht, sondern für sie. Es waren Hunderttausende. Sie schwenkten die kleine rote Mao-Bibel. Schüler und Studenten, aus allen Teilen Chinas angereist, schrien im Chor: »Der Vorsitzende Mao möge 10 000 Jahre leben!« Dann erschien der damals 72-Jährige auf dem Tor des Himmlischen Frie-dens. »Lernt Revolution machen, indem ihr Revolution macht«, rief er ihnen zu. Mädchen kreischten, weinten, viele brachen zusammen. Es war die erste Massenkundgebung der 文化大革命 *wenhua dageming*, der »Großen Kulturrevolution«. Mao ließ die Roten Garden aus aufgehetzten Jugendlichen aufmarschieren. An ihren roten Armbinden waren sie zu erkennen.

Zwei Wochen zuvor hatten Schülerinnen einer Pekinger Mädchenschule ihre Rektorin geschlagen, sie mit kochendem Wasser begossen und zu Tode getrampelt. Eine der Mörderinnen durfte nun Mao auf der Kundgebung eine rote Armbinde umlegen. Der Dialog zwischen ihr und dem »Großen Vorsitzenden« stand tags darauf in allen Zeitungen. »Wie heißt du?«, fragte er. »Song Binbin«, antwortete sie. »Bin bedeutet wohlerzogen und sanft«, stellte er fest. Sie bejahte. Mao sagte ihr: »Sei gewalttätig!« Song änderte darauf ihren Namen in »Sei gewalttätig«. Auch ihre Schule wurde in einer feierlichen Zeremonie umbenannt – in »Rote gewalttätige Schule«.

So begann die Kulturrevolution. Zehn Jahre später endete sie, das Land im Ruin, Schätze der mehrtausendjährigen chinesischen Kultur für immer zerstört. Eine ganze Generation war nicht zur Schule gegangen. Lehrer, Ärzte und Künstler wurden aufs Land verbannt oder ermordet. »Mao war verantwortlich für über 70 Millionen Tote in Friedenszeiten«, fasst die Mao-Biografin Jung Chang das Ergebnis ihrer Recherchen zusammen. »Kein anderer politischer Führer des 20. Jahrhunderts reicht hier an ihn heran.«

Es erstaunt mich immer wieder, mit welcher Naivität Mao von manchen im Westen noch verklärt wird. Einmal dinierte ich in einem vornehmen Shanghaier Restaurant mit einem führenden chinesischen Funktionär und dem deutschen Geschäftsführer einer Event-Agentur, die für die Chinesen eine Kulturwoche organisierte. »Mao war der größte Verbrecher, den es je gab«, sagte – der chinesische Offizielle. Der deutsche Event-Mann schockiert: »So eine Meinung habe ich aber noch nie gehört.«

Ein österreichischer Kollege von ihm, ebenfalls aktiv im chinesisch-westlichen Kulturaustausch, verstieg sich mir gegenüber zu der Behauptung: »Die Kulturrevolution war ein Versuch Maos, bürokratische Verkrustungen zu überwinden.« Das ist in etwa so zutreffend, wie wenn man sagen würde: Hitler vergaste die Juden, um die Arbeitslosigkeit zu vermindern.

Tatsächlich sollte die Kulturrevolution jeden ausschalten, der fähig war, Mao und seinen Handlangern zu widersprechen. Unter Stalin hieß das »Große Säuberung«. Es war ein mit brutalsten Mitteln ausgetragener Machtkampf, der sich zunächst gegen Chinas damaligen Staatspräsidenten Liu Shaoqi richtete. Er wurde von den Roten Garden gefoltert und starb 1969 verwahrlost und ohne jegliche medizinische Versorgung in einer Gefängniszelle an Lungenentzündung.

Der Streit zwischen Mao und Liu ging auf den 大跃进 *da yuejin* zurück, den »Großen Sprung nach vorn«, eine Kampagne Maos von 1958 bis 1961. Wegen ihr verhungerten 38 Millionen Chinesen – die größte Hungersnot in der Geschichte der Menschheit. Auch ich gehörte in meiner Jugend zu denen, die glaubten, China habe, anders als Indien, den Hunger besiegt. In Wahrheit lebten die Menschen in der Volksrepublik schlechter. Mao presste den Bauern Getreide und Fleisch ab, um damit bei der Sowjetunion und anderen sozialistischen Ländern Know-how für den Bau der Atombombe zu kaufen. Liu lehnte diese menschenverachtende Politik ab. »In den beiden kritischen Jahren 1958 und 1959 hätten allein die Getreideexporte, die fast genau sieben Millionen Tonnen ausmachten, genügt, um 38 Millionen Menschen täglich mit weiteren 840 Kalorien zu versorgen – dem Unterschied zwischen Leben und Tod«, schreibt Jung Chang.

Auch die DDR kam in den Genuss der Lieferungen und konnte 1958 die Lebensmittel-Rationierung aufheben. Chinesische Bauern ernährten sich von Gras und Blättern. Ganze Dörfer starben. »Die Toten sind nützlich«, erklärte Mao am 9. Dezember 1958 vor Spitzenfunktionären der Partei, »sie düngen den Boden.«

Während Millionen Chinesen verhungerten, speiste Mao Kraniche und anderes edles Wildgeflügel. Er schwelgte im Luxus, westlich der Verbotenen Stadt am 中南海 *zhongnanhai*, wörtlich »mittlerer und südlicher See«, einer weiteren Palastanlage der Kaiser. Zhongnanhai ist die Verbotene Stadt von heute. Hier wohnen und arbeiten weiterhin die Führer der Kommunistischen Partei. Und wie zu Kaisers Zeiten darf kein Normalsterblicher den Ort betreten.

Schräg gegenüber von Zhongnanhai steht heute ein Gebäude ganz anderer Art, das 中国大剧院 *zhongguo da juyuan*, wörtlich »Chinas Großes Theater«, englisch

»National Centre for the Performing Arts« genannt. Die Pekinger verspotten das 2007 fertiggestellte Bauwerk des französischen Architekten Paul Andreu als »das Ei«. Denn genau so sieht das Gebäude aus Titanium und Glas aus, das von einem künstlichen See umgeben wird. Es erübrigt sich hinzuzufügen: Nur wenige Pekinger sind davon überzeugt, dass dieses Ei zu den umliegenden Kaiserpalästen passt.

Zwischen Verbotener Stadt und Platz des Himmlischen Friedens verläuft, gerade wie ein Lineal, die 长安街 *Chang'an Jie*, die Avenue des ewigen Friedens. Die Prachtstraße ist exakt die Ost-West-Achse Pekings. Wegen ihrer Breite diente sie 1949 als Startbahn für Flugzeuge, in denen sich Angehörige der High Society vor den Kommunisten retteten.

Historisch wurde die Pekinger Innenstadt von 25 Kilometer langen und 15 Meter hohen Stadtmauern umgeben. Doch die Kommunisten ließen diese 500 bis 600 Jahre alten Denkmäler der Geschichte niederreißen, lediglich einige der reich verzierten Stadttore verschonten sie. Jedes Stadttor hatte eine bestimmte Funktion: Eines nutzte der Kaiser, um in den Himmelstempel zu pilgern, durch eines wurde der Alkohol gebracht, eines war nur für kaiserliche Sänften bestimmt, während Beerdigungen nicht darunter durchziehen durften, und so weiter. Einige Pekinger Straßennamen sind von diesen Stadttoren abgeleitet, natürlich mit den üblichen Ost-West-Nord-Süd-Unterteilungen. So ist 朝阳门北大街 *Chaoyangmen Bei Dajie* die »große Straße nördlich des Tors, das zur Sonne blickt«, die

朝阳门南大街 *Chaoyangmen Nan Dajie* entsprechend die Straße südlich des Tors (wobei auch in diesem Fall das Tor selbst gar nicht mehr steht!).

Anstelle der Mauern bauten die neuen Machthaber eine Stadtautobahn, die Zweite Ringstraße (einen Ersten Ring gibt es nicht). Innerhalb des Zweiten Rings liegt das alte Stadtzentrum von Peking. Es war einst durchzogen von 胡同 *hutong,* schmalen langen Gassen mit einstöckigen Häusern. Das Wort *hutong* stammt aus dem Mongolischen, geht auf die Herrschaft der Mongolen über China zurück. 1215 eroberte Dschingis Khan Peking. Von 1271 bis 1368 war die Stadt Hauptsitz der mongolischen Yuan-Dynastie. Die Häuser in den *hutongs* heißen 四合院 *siheyuan,* wörtlich »vier umschließen einen Hof«, weil jeweils vier Gebäude einen Hof umgeben. Wie die Verbotene Stadt waren sie als Abbild des Kosmos gedacht. Die Mauern sind exakt entlang der Nord-Süd-Achse beziehungsweise der Ost-West-Achse gebaut. Ihre Architektur entspricht den traditionellen Feng-Shui-Prinzipien. Übersetzt heißt 风水 *fengshui* einfach »Wind-Wasser«. So schauen die Eingangstore nach Süden, bekommen deshalb am meisten Sonne ab und lassen weniger Geister ein, denn die tummeln sich nach dem Volksglauben im Norden.

Steintreppen führen zum Eingang, an der Zahl der Stufen ließ sich früher die Stellung des Hausherren ablesen. Die Form der rot lackierten Türen, oft mit Löwenklopfern, verriet den Hintergrund der Bewohner. Viereckige Türpfeiler waren dem Bücherkoffer eines Gelehrten nachempfunden – Hinweis auf einen zivilen Angestellten. Runde Türpfeiler erinnern an Kriegstrommeln, hier wohnte ein Offizier. Löwenförmige Türpfeiler waren Angehörigen der Kaiserfamilie vorbehalten.

Die stiefelhohe Türschwelle führt zu Knochenbrüchen von Menschen, die mit der Nase nach oben gehen, ist aber eigentlich dazu gedacht, böse Geister zum Stolpern zu bringen – deshalb ist es auch streng verboten, auf der Türschwelle zu stehen. Innen befindet sich gewöhnlich noch eine weitere Schutzmauer, die ebenfalls die Geister abhalten soll. Wie das technisch funktioniert, erklärt der Schriftsteller und Sinologe Tilman Spengler in seinem Aufsatz »Geistermauern«, veröffentlicht in dem gleichnamigen Buch: »Böse Geister hatten es in China noch nie leicht. Jedes Kind weiß, dass sie zwar pfeilschnell sind, dass sie aber – um nur zwei Schwächen zu nennen – weder um die Ecke biegen noch gescheit springen können. Daher haben chinesische Architekten seit ältester Zeit Stolperschwellen und Geistermauern angelegt. Will etwa ein böser Geist geschwind durch die geöffneten Tore eines Tempels dringen, stößt er unweigerlich mit dem Schienbein gegen die Stolperschwelle und landet auf der Nase. Zieht es ihn in ein Wohnhaus oder ein öffentliches Gebäude, rennt er sich an der Geistermauer fest, jenem Bauwerk, das, breiter als die Eingangspforte, zwischen Haus und Außenmauer liegt.«

In alten Zeiten bewohnte jeweils eine wohlhabende Großfamilie einen ganzen *siheyuan*, und auch sie folgte strengen Regeln, die auf den Philosophen Konfuzius zurückgehen: Im Haupthaus im Norden, natürlich mit Eingang nach Süden, residierte das Familienoberhaupt, der Älteste, also gewöhnlich der Großvater. Seine Frau wohnte im Zimmer am östlichen Ende des Haupthauses, seine Konkubinen im Zimmer am westlichen Ende. Das Haus an der westlichen Seite war dem ältesten Sohn, seiner Frau und ihren Kindern zugedacht. Der zweitälteste Sohn wohnte mit seinen Angehörigen im Haus an der östlichen Seite. Wurde ein Enkelsohn erwachsen, bekam er das Haus auf der Südseite, anderenfalls konnte dies ein Ess- oder Wohnzimmer oder auch eine Bedienstetenunterkunft sein. Die unverheirateten Töchter lebten in einem Gebäude hinter dem Haupthaus.

Mit den demokratischen und kommunistischen Revolutionen im vergangenen Jahrhundert verschwanden die alten Sitten. Und aufgrund von Bevölkerungswachstum und Wohnungsmangel bevölkerten von da an mehrere Familien einen *siheyuan*. Es entstanden auch *hutongs* mit winzigen Backsteinhäusern ohne Innenhöfe. Erst in den letzten Jahren kaufen reiche Chinesen wieder ganze *siheyuans* für sich allein, auch einige Ausländer haben diese als exotische Wohnform entdeckt. Doch statt den Großvater und seine Konkubinen im Nordhaus unterzubringen, bauen sie dort eher moderne Toiletten und Badewannen ein.

Einige *hutongs* sind nur noch für Touristen da, die sich auf Fahrradtaxis mit roten Samtsitzen an Souvenirläden vorbeikutschieren lassen. In den gewöhnlichen *hutongs*, sofern sie noch nicht abgerissen sind, spürt man noch das alte Leben der Pekinger, das deren kumpelhafte Art mit geprägt hat. Da die Wohnungen hier klein und unkomfortabel sind und da es in Peking, anders als im Süden Chinas, wenig regnet, sitzen die Bewohner meist auf kleinen Hockern vor der Tür, die Männer im Sommer im Unterhemd oder oben ohne. Und da alle eng beieinander wohnen, kennt jeder jeden, plaudert jeder mit jedem, hilft jeder jedem – ganz anders als in den chinesischen Hochhäusern, wo die Bewohner oft nicht einmal wissen, wie ihr unmittelbarer Nachbar heißt (auf chinesischen Türen und Briefkästen stehen keine Namensschilder, nur Nummern). Ausländer, die in die *hutongs* ziehen, werden sofort wie Alteingesessene aufgenommen. Als deutsche Freunde dort einmal eine Party veranstalteten, zeigten mir die Nachbarn den Weg, ohne dass ich danach gefragt hätte. Sie kamen dann auch alle selbst, brachten Hefeklöße, gefüllt mit Schweinefleisch, und Bier mit.

7000 *hutongs* hatten die Mongolen einst in Peking angelegt, vor zwölf Jahren gab es davon noch 6000. Immer öfter sah ich dann auf den Häusern metergroß das Schriftzeichen 拆 *chai,* »abreißen«, mit Kreide oder Farbpinsel aufgemalt. Heute sind nur noch knapp 400 *hutongs* übrig geblieben. Einige stehen unter Denkmalschutz, doch der Großteil musste Bürokomplexen und Hochhäusern mit modernen Apartments weichen. Peking ist eine 大工地 *dagongdi*, eine »große Baustelle«, auf der 24 Stunden gearbeitet wird. Vor dem Lärm von Baggern auch noch um zwei oder drei Uhr nachts konnten wir uns nur retten, indem wir Schlaf- und

55

Kinderzimmer auf die andere Seite unseres Hauses verlegten.

Manche *hutong*-Geschichten klingen mir zu romantisch. Viele Häuser dort haben weder eingebaute Heizungen noch fließendes Wasser. Bewohner wärmen sich auf lebensgefährliche Art, indem sie provisorische Öfen ins Zimmer stellen und darin Kohle verfeuern. Sie müssen, wenn sie müssen, auf öffentliche Latrinen, die sie sich mit Dutzenden von Nachbarn teilen. Zur besseren Orientierung enthalten Einladungen zu Partys in *hutongs* oft den Hinweis: »Der Nase nach«. Bei meinen Recherchen über die Zwangsumsiedlung von *hutong*-Bewohnern habe ich kaum jemanden getroffen, der tatsächlich dort wohnen bleiben wollte. Wenn sie ihr Haus besetzt hielten, dann taten sie dies deshalb, weil sie die angebotene Entschädigung für unzureichend hielten.

Wer auf der Fortsetzung der Avenue des ewigen Friedens, Pekings Ost-West-Achse, weiter stadtauswärts fährt, egal in welche Richtung, stößt auf den Dritten Ring. An dem stehen viele der gigantischen Neubauten, die das neue Peking prägen. Etwa das 国贸 *Guomao*, das World Trade Center, mit seinen drei Bürotürmen, dessen jüngster mit 330 Metern das höchste Gebäude Pekings ist. Oder die neue Zentrale des Staatsfernsehens CCTV, vom niederländischen Star-Architekten Rem Koolhaas entworfen und unter Leitung seines deutschen Partners Ole Scheeren gebaut: Schief wie der Turm von Pisa ragen zwei L-förmige Türme über 237 Meter in die Höhe. Chinas Staatschef Hu Jintao erhielt besorgte Anrufe von anderen Parteiführern, da würde etwas Merkwürdiges gebaut – alles sähe schrecklich schief aus! Der Büroraum ist eine halbe Million Quadratmeter groß – mehr hat nur das Pentagon. Indirekt wollen die Architekten hierarchische Strukturen aufweichen, die gewöhnlich in China besonders streng sind: Ganz oben findet man keine Chefetage, sondern den größten öffentlichen Platz, der je auf einem Hochhaus errichtet wurde.

Eine Milliarde Zuschauer sahen bisher die 16 Kanäle von CCTV. In Zukunft sollen die beiden schiefen TV-Türme 250 Kanäle ausstrahlen. Der zentrale Sender CCTV konkurriert mit den Provinzsendern, darunter Beijing TV, von denen jeder ebenfalls mehrere Kanäle hat und die keineswegs nur Provinzielles zeigen. Die höchste Einschaltquote in der chinesischen Fernsehgeschichte erreichte Hunan TV, der Sender aus Maos Heimatprovinz, mit dem Talentwettbewerb »Supergirl«, dem Gegenstück zu »Deutschland sucht den Superstar«. Da die Show von einer Molkerei gesponsert wurde und in China Productplacement keine Grenzen kennt, war der offizielle Name etwas länger: »Joghurt-von-mongolischen-Kühen-Supergirl-Wettbewerb«. Gar nicht super kam die Enthüllung im Herbst 2008 an, dass die Milch mit vergifteten Stoffen gestreckt worden war. Babys starben und der Werbespruch der Firma klang nun sehr makaber: »Mongolische Milch trinken macht die Chinesen stärker.«

Meine Familie und ich haben in Peking ebenfalls am Dritten Ring gewohnt, nicht in einem schiefen Turm, sondern in einer der sogenannten Service-Siedlungen. Vorbei sind die Zeiten, in denen Ausländer, vor allem Journalisten, nur in einigen wenigen speziellen Gettos leben durften. An den Eingängen standen Soldaten Wache, sie ließen Chinesen nicht ein. Wachen gibt es vor den Service-Siedlungen heute zwar auch, die 保安 *baoan*, wörtlich »Sicherheitsverteidiger«. Das hört sich martialisch an, und auch ihre Uniformen sehen oft so aus, als stammten sie aus dem Zweiten Weltkrieg. Doch es sind harmlose Bauernjungen, die von den kommerziellen Hausverwaltungen angeheuert werden. Sie sollen Einbrecher abschrecken, vor allem aber dem Gebäude Prestige verleihen, ähnlich wie die *doormen* in New York. Anders als dort sind Arbeitskräfte in China zahlreich und preisgünstig, sodass »Sicherheitsverteidiger« heute in Peking und Shanghai vor sehr vielen Gebäuden stehen, nicht nur vor Luxusanlagen.

Unsere Service-Siedlung war für chinesische Verhältnisse teuer. Die Miete entsprach etwa der für vergleichbare Quadratmeterzahlen in deutschen Großstädten. Dafür schloss sie Dienstleistungen ein, die in München oder Hamburg eher nicht vom Vermieter übernommen werden: Zweimal pro Woche reinigte eine dreiköpfige Putzbrigade die Wohnung. Wenn der Fernseher am Sonntagmorgen kaputtging, kam innerhalb von fünf Minuten ein Handwerker vorbei, der ihn reparierte. Als unsere kleinere Tochter anfing, durch das Haus zu krabbeln, wurden kostenfrei vor den Treppen Türgitter aus Buche eingebaut. Und als unsere größere Tochter in die Schule kam, stellte die Hausverwaltung sogar Auto und

Fahrer, um sie täglich dorthin zu chauffieren. Das alles deshalb, weil in Peking viele solcher vergleichsweise teuren Wohnungen leerstehen und die Vermieter deshalb mit allen Mitteln um Mieter werben. Dass die Maklergebühr vom Hausbesitzer bezahlt wird, muss ich da wohl kaum noch extra erwähnen. Auch gehörten zur Siedlung ein Swimmingpool und ein Fitnesscenter, Benutzung in der Miete eingeschlossen, auch das ist typisch für die Service-Apartments in Peking und Shanghai.

Klingt nach einem Leben wie im Paradies. Aber selbst hier wird man nicht von den stürmischen Veränderungen in China verschont. Auch wir waren von Gesetzesübertretungen betroffen, die sich vor allem die Gesetzeshüter erlauben. Ohne Vorankündigung wurde uns eines Tages der Haupteingang zugemauert. Die Polizei des Gebiets meinte, sie bräuchte genau an dieser Stelle eine neues, pompöses Dienstgebäude. Plötzlich mussten wir auf ungeteerten Wegen einen zwei Kilometer langen Umweg gehen zu den Restaurants, die bisher direkt vor unserer Haustür lagen. Schlimmer war es für die kleine Ladenbesitzerin und den Friseur am bisherigen Eingang. Sie verloren deshalb fast alle ihre Kunden und mussten ihre Geschäfte schließen.

Sind solche Service-Häuser und -Apartments Ausländersiedlungen? Ausländer leben auch dort, und der Umstand, dass viele von Firmen »Entsandte« die Wohnkosten erstattet bekommen, trägt nicht zum Fall der Mieten bei. Auch ohne diese Zulagen übertreffen die Gehälter von Europäern, Australiern oder Nordamerikanern die von Chinesen bei Weitem. Pekinger verdienen für vergleichbare Tätigkeiten oft nur etwa ein Zehntel dessen, was Deutsche verdienen. Pauschale Vergleiche fallen schwer aufgrund der großen Unterschiede zum Beispiel zwischen staatlichen Unternehmen einerseits und Joint Ventures mit ausländischer Beteiligung andererseits, Einheimischen gegenüber Wanderarbeitern, und so weiter. So verdient eine Kellnerin, gewöhnlich Wanderarbeiterin, umgerechnet etwa 80 Euro im Monat, ein Fabrikarbeiter um die 200 Euro, eine Sekretärin vielleicht 300 Euro und ein Redakteur zwischen 500 und 1000 Euro. Trotz dieser großen Unterschiede zu westlichen Gehältern waren die meisten unserer Nachbarn Chinesen. Natürlich neue Reiche, die ihren Wohlstand nicht auf Wegen erlangt haben, die in Deutschland verbreitet sind, etwa Erbschaft. Sondern durch eigener Hände Arbeit. Im weitesten Sinne des Wortes.

Zu ihnen gehörten etwa die Besitzer eines »Massage-Salons«. Ihre Tochter, eine Freundin von unserer größeren, schickten sie dann in die USA auf die Schule. Das Geld dafür verdient man nicht allein mit Gesundheitsmassagen. Für die möglichen Zusatzdienste gab es in dem Salon blumige Bezeichnungen. »Massage Typ Hongkong« bedeutete sexuelle Befriedigung mit der Hand. »Massage Pariser Art« schloss noch umfassenderen Körpereinsatz ein.

In einem Bungalow in unserer Wohnsiedlung sah man durch das Fenster junge Frauen und Männer, die am PC arbeiteten. Nichts Besonderes, wenn sie nicht manchmal auch noch am Sonntagmorgen um zwei Uhr Dienst geschoben hätten. »Meine Leute spielen in Schichten, rund um die Uhr«, sagte ihr Chef, ein weiterer unserer Nachbarn. »So haben wir einen Vorteil gegenüber den westlichen Spielern, die täglich bestenfalls ein paar Stunden am Computer sitzen, weil sie auch noch arbeiten und schlafen müssen.« Spielen? Seine Angestellten bewegten sich in Azeroth, einem Fabelstaat, der nur im Internet existiert, im Online-Rollenspiel »World of Warcraft«. Dort jagen Krieger Monster, Magier zaubern, Fürsten bauen Schlösser.

Wie verdient man damit Geld? Sechs Millionen Menschen spielen weltweit das Spiel mit- und gegeneinander – alles potenzielle Kunden für unseren Nachbarn. Auch in Deutschland ist das Spiel populär. Wie jeder Staat hat Azeroth eine Währung: Goldmünzen, mit denen die Spieler Schwerter und Rüstungen kaufen können. Man kann die Goldmünzen auch auf eBay erwerben, dabei sind sie eine rein virtuelle Währung, die nur innerhalb dieses Internetspiels gilt und keinen realen Wert hat. Es sei denn, man lebt selbst in der irrealen »World of Warcraft«. Wer eine Aufgabe im Spiel erledigt, bekommt dafür Münzen, aber nur wer viel spielt, wird »reich«. Hier kam unser Nachbar ins Spiel und ins Geschäft: Denn wer schnell reich werden oder nicht allzu viel am PC sitzen will, der konnte sich bei ihm virtuelles Gold kaufen – für echte Euro oder Dollar. Ein Pekinger Geschäftsmodell.

Die 20 hauptberuflichen Spieler, im Internetjargon »Goldfarmer« genannt, redeten ihn respektvoll mit

»Präsident Li« an. Ein Firmenschild hing nicht vor der Tür. »Das würde nur Ärger verursachen«, referierte der Präsident, der bereits einmal wegen Betrugs gesessen hatte, »dann müsste ich Steuern bezahlen, legal Software kaufen und die Behörden könnten Gesundheitschecks für meine Mitarbeiter anordnen.« Seine Angestellten, alle jünger als 25, drängten sich in zwei kleinen Räumen, Computer an Computer, Tisch an Tisch. Die weißen Wände waren kahl, bis auf ein kitschiges Poster mit Blumen und Kranichen. Umso bunter ging es auf den Bildschirmen zu: Dort brannten Feuer, kämpften Krieger, drohten Dämonen, der Drache Onyxia spie einen Feuerball.

Die besten Kleinkindergeburtstage veranstaltete eine andere Nachbarin, deren Einkommen auf ihrem Status als 二奶 *ernai*, beruhte, Zweitfrau. Sie war Mätresse und Mutter des Sohns eines anderweitig verheiraten Geschäftsmanns, der ihr unter anderem ein Haus und einen weißen Jaguar gekauft hatte.

Sportliche BMW fuhren die Tibeter in unserer Siedlung. Statt traditioneller Trachten, wie ich sie von Reisen durch tibetische Gebiete kenne, trugen sie Lacoste-Hemden. Es waren die Tochter und der Schwiegersohn eines führenden Funktionärs der KP Chinas in Tibet. Ihre Treue zum chinesischen Staat stand außer Frage und die Quellen ihres Einkommens blieben bis zum Schluss ein Rätsel.

Im größeren Radius wird die Stadt dann vom Vierten und vom Fünften Ring umkreist. Wegen der Entfernung zum Zentrum sind die Preise hier niedriger. Hier leben mittlerweile die meisten gewöhnlichen Pekinger, darunter die, die nach dem Abriss ihrer Häuser im Zentrum umgesiedelt wurden. »Sicherheitsverteidiger« patrouillieren auch hier. Und auch hier beschäftigen die Hausverwaltungen mobile Einsatzkommandos von Handwerkern. Doch hier brauchen sie schon einmal ein paar Stunden oder auch einen Tag, bis sie vorbeikommen – oder sie verweigern die Hilfe, denn in diesen Siedlungen schwelen oft Konflikte zwischen Hausverwaltung und einzelnen Wohnungseigentümern: Etwa nachdem diese das Hausgeld nicht bezahlt haben, weil die Verwaltung chaotisches Parken vor den Eingängen nicht verhindert hat. Das ist einer von vielen möglichen Streitfällen, die oft erbittert ausgetragen werden.

In der Siedlung, in der mein Büro untergebracht war, feuerten die Wohnungseigentümer die Hausverwaltung und setzten eine neue ein. Die alte wollte aber nicht weichen und es begann ein Kleinkrieg, mit bloßen Fäusten ausgetragen, zwischen den »Sicherheitsverteidigern« der alten und den »Sicherheitsverteidigern« der neuen Verwaltung. In den Liften plakatierten die beiden Seiten Flugblätter, in denen sie sich gegenseitig »illegaler Handlungen« und »krimineller Finanzoperationen« beschuldigten. Am Ende gab die neu eingesetzte Hausverwaltung entnervt auf.

Außerhalb des Fünften und Sechsten Rings kann es dann wieder teuer werden: Dort liegen eingezäunte Villensiedlungen, wieder mit vielfältigem Extraservice. Hier wohnen auch viele Deutsche, die für Unternehmen wie Siemens oder Volkswagen arbeiten. Mich zog es nie dorthin. Zwar schätzte auch ich den Luxus einer Siedlung, in der die Kinder sicher spielen und Fahrrad fahren können. Doch ich wollte gleichzeitig im wuseligen Peking leben und nicht in einem Satellitengebiet, dessen einzig belebter Ort der Flughafen ist.

Hinaus aus der Stadt
zum größten Bauwerk der Erde

Fährt man weiter aus der Stadt hinaus, vorbei an gesichtslosen Kleinstädten und einsamen Bauernhütten, hoch in die Berge, dann stößt man auf das Bauwerk, das wie kein anderes mit China verbunden wird: 长城 *chang cheng*, die Große Mauer. Sie ist 6350 Kilometer lang – das entspricht der Entfernung zwischen Madrid und New York. Es geht die Legende um, man könne sie auch vom Mond aus sehen. Das stimmt allerdings nicht.

Das größte Bauwerk der Erde schlängelt sich durch die Landschaft, besser gesagt, es durchschneidet die Gebirge. Die wenigen Kilometer, die wir die Mauer überblicken können, sind nur ein winziger Ausschnitt. Da das Bauwerk in beiden Richtungen bis zum Horizont reicht, entsteht der Eindruck, als würden zwei in der Unendlichkeit liegende Punkte miteinander verbunden.

Die Große Mauer verläuft vom Golf von Liaodong am Bohai-Meer im Osten bis zur Provinz Gansu im Westen Chinas.

Vor mehr als 2500 Jahren wurde mit dem Bau begonnen: Sklaven häuften Wälle aus Erde an, um die damaligen Staaten Qin, Zhao und Yan vor den Nomadenstämmen aus dem Norden zu schützen. 221 vor Christus vereinigte Qin Shi Huangdi die sich bekämpfenden Staaten zum 中国 *zhongguo*, China oder wörtlich »Reich der Mitte«. »China« heißt auf Chinesisch genau das, und so fiel es mir schwer, einmal den Satz eines deutschen Managers zu übersetzen: »China, das Reich der Mitte, wird immer mehr zu einem Reich der Mitte.« Auf Chinesisch wird daraus Unsinn: »Das Reich der Mitte, ein Reich der Mitte, wird immer mehr zu einem Reich der Mitte.«

Nachdem Qin Shi Huangdi das Reich vereinigt hatte, ließ er die einzelnen Abschnitte der Mauer miteinander verbinden und sie weiter ausbauen. Eine Million Menschen arbeiteten gleichzeitig daran, das war ein Fünftel der arbeitenden Bevölkerung des Landes zu jener Zeit: Soldaten, Strafgefangene und Zwangsrekrutierte aus allen Provinzen des Kaiserreichs.

In einem Bericht von damals heißt es: »Wird dir ein Sohn geboren, so lass ihn nicht heranwachsen, ist es aber ein Mädchen, ernähre es mit Hackfleisch. Denn zahllose Söhne des Volkes wurden von der Wache des Kaisers aufgegriffen und zum Bau der Mauer geschleift. Und wer ergriffen wurde, kam nie mehr nach Hause zurück. Oh, du Leid der Menschen, oh, du Qual des

Todes, verflucht sei die Willkür der Hochstehenden! Einem Berg gleich türmten sich die Gebeine der Gestorbenen, denn der Kaiser baute, und das Volk stöhnte unter der Last seines Vorhabens.«

Die Körper derer, die vor Erschöpfung nicht mehr weiterarbeiten konnten, wurden im Bauwerk mit verarbeitet. »Bissigen Hunden gleich waren die Aufseher. Hatten sie irgendein Loch entdeckt, ein kleines Loch, in das der Finger eines Knaben hineinpasste, so wurden zehn – ja ganze zehn Bauarbeiter an dieser Stelle lebend eingemauert. Mehr Menschen fraß die Mauer als Steine und Mörtel.« Insgesamt sollen zwei bis drei Millionen Chinesen beim Bau der Mauer ums Leben gekommen sein.

Die Kaiser der Ming-Dynastie (1368 – 1644 nach Christus) ließen die Mauer mit großen Steinblöcken und Ziegeln verkleiden und gaben ihr damit die heutige Gestalt. Die Mauer ist so breit, dass darauf einst bis zu sechs Pferde nebeneinanderreiten konnten. Auf der nördlichen Seite sind Zinnen und Schießscharten in die Brüstung eingearbeitet.

Wenn man in die grüne oder je nach Jahreszeit oft auch braun-graue Weite blickt, sieht man heute noch an einzelnen höher gelegenen Stellen Steinhaufen mit Feuerstellen aufgeschüttet, Alarmfeuertürme, auf denen bei den Einfällen der Nomaden Warnfeuer entzündet wurden. Später dröhnte auch Geschützdonner von hier. Ein Kanonenschuss bedeutete: 100 Feinde kommen; zwei Schüsse: 500 Feinde; drei: mehr als 1000 Feinde kommen.

Ein erster Besuch der Mauer führt Sie sinnvollerweise zu einer Stelle wie Badaling, wo das Bauwerk restauriert ist, um einen Eindruck zu vermitteln, wie es damals aussah. An vielen Orten aber zerfällt die Mauer. Dort eignet sie sich, sofern sie noch auszumachen ist, zum Wandern und Klettern.

Dabei kann es Ihnen passieren, dass Sie Zuwachs bekommen: Bäuerinnen aus umliegenden Dörfern steigen Ihnen mit Wasserflaschen hinterher und hoffen, dass Sie ihnen gelegentlich eine abkaufen. An Wachtürmen, deren Eingangstreppen zerstört waren, haben uns auch schon Jungen aus der Gegend eine Holzleiter gereicht. Aus »Gefälligkeit« halfen sie aber nur beim Hochsteigen. Um vom Turm wieder nach unten zu gelangen, mussten wir für die Leiter bezahlen.

An allen Stellen der Mauer treffen Sie chinesische Touristen, die eindeutig nicht aus Peking oder Shanghai kommen – und noch nie einen Ausländer gesehen haben. Seien Sie nicht überrascht, wenn Sie von ihnen um ein gemeinsames Foto gebeten werden. Besonders beliebt sind Bilder mit blonden Kindern und hochgewachsenen Männern.

798: geheimnisvolle Kunst-Fabrik

Kunst darf alles, doch für diese Inszenierung hatten die Pekinger Behörden 1995 noch wenig Verständnis: Als ein betrunkener Maler vor Dutzenden Zuschauern auf den Esstisch pinkelte, sprach die Partei von einem »Delikt wider die guten Sitten«. Sie vertrieb die jungen Künstler vom Künstlerdorf beim Alten Sommerpalast 圆明园 *yuanmingyuan*, dem »Garten der Perfektion und des Lichts«, wo sie sich seit Mitte der Achtzigerjahre angesiedelt hatten.

Um den Alten Sommerpalast am nordwestlichen Stadtrand spielten sich schon immer Dramen aus Pekings wechselvoller Geschichte ab. Kunst und Barbarei trafen hier aufeinander. Die Anlage war im 18. Jahrhundert errichtet worden, voll mit Seen, Teichen und Bächen, angelegt in der Tradition südchinesischer Gartenkultur. Dazwischen standen Steinhäuser mit Dächern aus Glasurziegeln im Stil der italienischen Renaissance. Kaiser Kangxi schenkte das Schmuckstück seinem Sohn, dem späteren Kaiser Yongzheng, der die Gärten weiter kultivierte und erheblich ausbaute. Sie erreichten nun einen Ost-West-Durchmesser von 2,5 Kilometern. Auch Kaiser Qianlong wirkte hier höchstpersönlich als Chefdesigner und Hauptgärtner. Er erhöhte die Zahl der Landschaftsdenkmäler von 28 auf 40, so wird berichtet. In China dokumentiert man Staatstragendes gern in exakten Zahlen.

Niemals werden die Pekinger vergessen, was 1860 britische und französische Truppen hier anrichteten. Es tobte der Zweite Opiumkrieg. Die Europäer waren scharf auf chinesische Seide und Tee, produzierten aber selbst nichts, was die Chinesen interessierte. Deshalb überschwemmten sie das Land mit Rauschgift. Als die Chinesen in der Stadt Humen britisches Opium verbrannten, griffen die Kolonialmächte China an. Im ganzen Reich wüteten sie wie die Vandalen. Als schlimmste Schmach empfindet man im Reich der Mitte bis heute, dass sie diesen »Garten der Gärten« zerstörten. Die Kolonialtruppen setzten Paläste und kostbare historische Blumenpflanzungen in Flammen und plünderten Goldschmuck und Porzellanvasen, die bis zu 3600 Jahre alt waren. »Zwei Räuber sind in ein Museum eingebrochen, haben es verwüstet, geplündert und verbrannt und dann lachend Hand in Hand verlassen mit ihren Säcken voll mit Schätzen«, schrieb Victor Hugo damals. »Der eine Räuber hieß Frankreich und der andere Großbritannien.« Um die Gefühle der Chinesen nachzuvollziehen, muss man sich die Reaktion der Westeuropäer vorstellen, wenn Chinesen den Buckingham Palace oder die Gärten von Versailles dem Erdboden gleichmachen würden.

Nach dieser Demütigung entschied sich Kaiserin-witwe Cixi für ein anderes Domizil, in das sie sich in den heißen Monaten des Jahres zurückzog. Sie baute eine unweit des Alten Sommerpalasts gelegene andere Hofanlage zum Neuen Sommerpalast aus und nannte ihn 颐和园 *yiheyuan,* »Garten der gesunden Harmonie«. Die 30 Millionen 两 *liang* Silber, die sie dafür verprasste, waren eigentlich für den Ausbau der Flotte vorgesehen (»liang« war die damalige chinesische Maßeinheit für Edelmetalle, steht bis heute auch für das Zahlwort »zwei« vor Substantiven). Mit seinen Gärten, Seen, Pavillons, Tempeln und Palastbauten ist der Neue Sommerpalast heute eine von Pekings wichtigsten Touristenattraktionen.

Auch den Alten Sommerpalast kann man besichtigen, so, wie ihn die europäischen Barbaren hinterlassen haben. Unweit von den Marmorblöcken und Säulentrümmern hatten nun also avantgardistische Künstler ihre Heimat gefunden, darunter viele, die heute international erfolgreich sind wie Fang Lijun, Lu Lin, Wang Qingsong, Liu Wei, Yang Shaobin und Tian Bin, der sich heute Shi Ruo nennt. Viele Jugendliche pilgerten aus Neugier dorthin. Leute, die sich in der Kulturszene bewegen, heißen in Peking 文青 *wenqing,* wörtlich »Kulturgrüne«, wobei das Grün für jugendlich steht.

Die meisten, die jetzt beim Alten Sommerpalast lebten, hatten weder die Kulturrevolution bewusst miterlebt noch hingen sie dem Idealismus der Jahre bis zum Tiananmen-Massaker an, als Künstler glaubten, mit ihren Werken die Demokratie nach China bringen zu können. Die neuen Künstler setzten sich mit Chinas neuer Wirklichkeit auseinander – ohne zu hoffen, sie dadurch zu verändern. Sie drückten sich vor allem mit der Malerei aus. Motive waren Mao hinter Gittern oder ausdruckslose Gesichter.

»Politischer Pop« war ein Ausdruck dafür, da manche Bilder an Andy Warhol und seine Factory erinnerten. Etwa die von Wang Guangyi, der sich über die herrschenden Zustände lustig machte, indem er Motive aus der Politik mit Konsumgütern und Mode zusammenstellte. Eingeführt wurde der Begriff »Politischer Pop« von dem 1949 geborenen Kunstkritiker Li Xianting, einem wichtigen Förderer der Avantgardekunst. Oft wird er als »Pate der chinesischen zeitgenössischen Avantgardekunst« bezeichnet. In seinem Haus kamen viele Künstler erstmals mit ausländischen Galeristen zusammen.

Er prägte auch den Namen für eine andere Kunstrichtung: »Zynischer Realismus«. Dieser drückte Frust und Gleichgültigkeit nach der Niederschlagung der Demokratie-Bewegung aus und zog gleichzeitig eine Grenze zu dem propagandistischen »sozialistischen Realismus«, den die Künster an der Hochschule gelernt hatten. Oft kamen sie aus anderen Provinzen Chinas nach Peking. Für sie war die Hauptstadt ein Eldorado der freien Kunst. Sie lehnten den Arbeitsplatz ab, etwa als Lehrer, der ihnen im alten planwirtschaftlichen System zugeteilt worden war, und galten als 盲流 *mangliu*, als »blindlings Herumziehende«. Anders als manche chinesische Künstler heute wie Liu Xiaodong, der auf einer Auktion für ein Gemälde 2,7 Millionen Dollar herausholte, lebten sie damals fast alle am Rande des Existenzminimums.

Man spürt die Wehmut in den Worten der Pekinger Germanistin Wang Ge, wenn sie über die Szene von damals schreibt: »Die Kunst war für sie so essenziell wie Wasser oder Luft, und man brachte sie absolut nicht mit Geld in Verbindung. Ihre Selbstzufriedenheit, aber auch ihre Verlorenheit in der Welt ließ sie näher zusammenrücken. Auch kannte die Kunst keine Klassen; Nichtsnutze ohne einen Yuan in der Tasche waren sie alle. Mit Leidenschaft lebten sie in den Tag hinein und klopften Sprüche. Finanziell abgebrannt, aber an Bier und billigem Tabak, Freundschaft und Kunst fehlte es nie. Oberflächlich gesehen hatte ihr Leben keine Wurzeln, aber tatsächlich war es über alle Zweifel erhaben und unerschrocken.«

Ausstellen durften sie ihre Werke nur selten. Meist bekamen nur andere Künstler sie zu sehen. Einfache Chinesen wussten nichts davon oder lehnten das Neue als »Unkunst« ab. Die offiziellen Kunstfunktionäre fällten von vornherein dieses vernichtende Urteil.

Nach der Vertreibung aus der Gegend des Alten Sommerpalasts entstanden neue Künstlerdörfer. Doch zum wichtigsten Ort der Szene wurde bald 798. Der Name klingt geheimnisvoll, und das war beabsichtigt. Denn hinter dem Codenamen verbarg sich eine Fabrik, von der niemand etwas wissen sollte. Unter einer weiteren

Tarnbezeichnung, »Projekt 157«, war sie in den Fünfzigern auf kargem Bauernland errichtet worden.

Die meisten Pekinger hatten keine Ahnung, was hier im Dashanzi-Gebiet am damaligen nordöstlichen Stadtrand geschah. Eingeweiht hingegen war Peter Dobras aus Hermsdorf in Thüringen. Damals waren die DDR und die Volksrepublik China einander noch als Freundesländer verbunden. Das sollte sich später gründlich ändern. Die 1979 in der DDR herausgegebene »Kleine Enzyklopädie Weltgeschichte« sagt: »Durch offene politisch-ideologische Angriffe und organisatorische Spaltung (Entwicklung der promaoistischen Spalterbewegung seit 1962) sollten die marxistisch-leninistischen Grundlagen der kommunistischen Weltbewegung und der einzelnen kommunistischen und Arbeiterparteien geschwächt und der Einfluss Pekings auf sie verstärkt werden. Um dieses Ziel zu erreichen, versuchten sie insbesondere, die KPdSU und die Sowjetunion als Hauptkraft des Friedens und des Sozialismus in der Welt zu diskreditieren und zu isolieren.«

1956/57, also vor dem öffentlichen Bruch zwischen China und der DDR, entsandten die VEB Keramischen Werke Hermsdorf Peter Dobras für ein Jahr ins ferne Peking. Zusammen mit 150 weiteren Ingenieuren und Facharbeitern aus der DDR half er, 798 als eine der damals modernsten Fabriken des Landes aufzubauen: Sie stellte Funkradios für die Volksbefreiungsarmee her. Deshalb war sie so geheim.

Dobras kann einen noch weiter zurückgehenden Vergleich ziehen, der den atemberaubenden Wandel

Pekings zeigt: Als er 1956 vom Flughafen in die Stadt gefahren wurde, musste sich der Wagen zwischen Esel-karren und Kamelkarawanen hindurchschlängeln. »Die Chinesen trugen alle blaue Anzüge, auch die Frauen«, erinnerte er sich.

Der Einfluss der DDR-Berater ist in 798 bis heute spürbar: Die Fabrikhallen sind im Bauhausstil gebaut. Darüber stritten sich die Ostdeutschen damals ständig mit sowjetischen Beratern, die ebenfalls mitmischten. Sie hatten sich Ornamente und Verzierungen im Stalin-schen Zuckerbäckerstil gewünscht.

Mit den chinesischen Wirtschaftsreformen ab 1978 gingen die staatlichen Subventionen zurück. Auf dem freien Markt konnten sich die Funkgeräte nicht durch-setzen. So suchte die »Sieben-Sterne-Huadian-Wis-senschafts- und Technologie-Gruppe«, bis heute der Eigentümer von 798, nach neuen Einnahmequellen – und entschied sich, die Immobilie zu vermieten. Sie fand Mieter aus einem Milieu, das bis dahin in Peking als ganz und gar nicht finanzkräftig galt: Künstler. Ab 1995 richtete die Pekinger Zentrale Akademie der schönen Künste hier Werkstätten ein. Die neuen Nutzer rissen die Fabrikhallen nicht ab, nicht nur, weil ihnen das Geld dafür fehlte. Sondern weil sie erkannten: Das ist genau die richtige Umgebung für ein avantgardistisches Kul-turzentrum.

Deshalb bestanden sie auch darauf, Parolen nicht zu übermalen, die hier während der Kulturrevolution auf die Wände gepinselt worden waren. Heute sieht man lebende Objekte wie einen Mann, dem die Passanten

Filmstreifen aus den Haaren ziehen, unter den verwitterten Schriftzeichen für »Der Große Vorsitzende Mao Zedong ist die Sonne in unserem Herzen«. Statuen von lachenden Männern, die salutieren und die Zunge herausstrecken, stehen neben der Losung: »Mao lesen, Mao gehorchen, Mao gefallen!«

So ist in Peking die Realität Kunst und die Kunst Realität geworden. Als ob das alles noch nicht genug wäre, spazierte im September 2007 auch noch Peter Dobras durch die Galerien und Ateliers. 80-jährig, ein halbes Jahr vor seinem Tod, erfüllte er sich seinen letzten Wunsch, noch einmal die Fabrik zu sehen, die er ein halbes Jahrhundert davor aufgebaut hatte. »Mensch, schau mal!«, rief er. »Das ist die Pumpe, die wir damals eingebaut haben.« Auf einer Maschine steht »VEB-Bohrmaschinenfabrik Engelsdorf«. Die Anlagen sind heute Teil einer gigantischen Installation geworden. »Es ist eine große Überraschung, hier nun eine völlig neue Welt zu sehen«, meinte Dobras. Einer seiner Kollegen von damals, Hans Becker, ergänzte: »Kaum zu glauben, wie gut sich Technik und Kunst miteinander verbinden lassen.«

Arbeiter wirken hier gelegentlich heute noch, aber sie sind dann meist Teil von künstlerischen Inszenierungen. Männer mit Schutzhelm treten unter Backsteinen an, die an Fäden aufgehängt sind. Ärzte mit Suchlichtern auf dem Kopf massieren Besucher. Modelle von Pekinger Wolkenkratzern sind von Indianerpfeilen durchbohrt. Ein Tänzer aus einer revolutionären Oper schmettert einen Basketball in den Korb. Die rosafarbene Plastik eines nackten Liebespaars zeigt zwar menschliche Unterleiber, doch der weibliche Körper hat einen Fischkopf, der männliche sieht oben wie ein Schwein aus.

Die Kader kämpften einst gegen die »vom Volk entfremdete Kunst«. Jetzt haben sie ihren Frieden mit der Avantgarde geschlossen – vielleicht auch deshalb, weil sie die immer noch für zu abgehoben halten, um schlechten Einfluss auf »die Massen« haben zu können. Wobei mittlerweile eine Million Menschen jährlich ins 798 strömen. Die Künstlerdörfer vor wenig mehr als zehn Jahren waren von ein paar Hunderten besucht worden. 354 Galerien und Kunstagenturen, so heißt es, haben sich in 798 niedergelassen. Doch auch diese Angabe ist bei Erscheinen dieses Buchs sicher längst wieder überholt, wie auch der oft gezogene Vergleich mit Soho und Greenwich Village in New York: Warum soll Peking diese nicht übertreffen?

Heute ist der Kunst erlaubt, was noch vor wenigen Jahren als undenkbar galt. Mao ist im westlichen Anzug in Stein gehauen. Porträts von Tätern, Mitläufern und Opfern der Kulturrevolution hängen aus. Weiterhin tabu bleiben das Massaker von 1989 – und die Führer von heute.

Vor einigen Jahren erwog die »Sieben-Sterne-Huadian-Wissenschafts- und Technologie-Gruppe«, die Gebäude abzureißen und dort Hightechlabors und Luxusapartments aufzubauen. Doch ein Kunstprofessor brachte die Sache bis in den chinesischen Volkskongress. Und die Stadtregierung erkannte, dass 798 zu dem attraktiven und modernen Peking gehört, das sie mit Olympia der Welt präsentieren wollte. Deshalb steckte sie umgerechnet zehn Millionen Euro in die Renovierung der Künstlerfabrik.

Die Gefahr kommt jetzt von woanders: Von der Kommerzialisierung. Die Mieten in 798 explodieren. Eine Halle sieht wie ein Sportgeschäft aus – nun, sie ist so etwas Ähnliches, hier stellt Nike seine Schuhmodelle aus drei Jahrzehnten vor.

Maler und Skulpteure bauen sich nun neue Künstlerdörfer am Stadtrand, wie etwa der Konzeptkünstler Ai Weiwei sein »Kunstarchiv- und Warenhaus«. In Deutschland wurde er bekannt, als er zur Kasseler Documenta 2007 für seine Kunstaktion »Fairytale« 1001 Landsleute mitbrachte, darunter einfache Bauern. Dort schuf er auch eine Installation aus Türen und Fenstern, die dem Bauboom in China hatten weichen müssen. Als diese von Dauerregen mit 60 Litern Wasser pro Quadratmeter und Stunde zerstört wurde, entschied er sich, sie nicht wiederaufzubauen: »Ich finde das Werk jetzt noch besser als vorher«, sagte er. »Hier wird die Kraft der Natur sichtbar.«

Einige Künstler fliehen auch deshalb aus 798, weil sie sich in der ehemaligen Rüstungsfabrik als »Kulturtiere« fühlen. Besucher fotografieren sie in ihren Ateliers wie Löwen und Elefanten in einem Zoo. Die Kommerzialisierung nimmt zum Teil groteske Züge an. Manche Meister lassen ihre Bilder von Assistenten ausmalen, um der großen Nachfrage von Ausländern und neureichen Chinesen hinterherzukommen.

Pekinger beschreiben die Entwicklung der Dashanzi-Gegend so: »Erst kamen die Arbeiter nach 798 und die Bauern gingen. Dann kamen die Künstler und die Arbeiter gingen. Schließlich kamen die Geschäftsleute und die Künstler gingen.« Da ist etwas dran. Doch ob der Punk in 798 spielt oder woanders: Peking hat sich von einem Ort mit Heldenstatuen in eine hippe Kunstmetropole verwandelt. Und der Dank dafür gebührt den jungen Kreativen, den 文青 *wenqing*, »Kulturgrünen«, die diese Stadt so magisch anzieht.

Schwer übersetzbare Wörter und bewegte Bilder: Peking im Film

Immer wieder werde ich gefragt, welche Bücher über Peking oder Shanghai ich empfehle. Sachbücher über die beiden Metropolen finden Sie etliche, von Business-Ratgebern bis zu Reiseführern. Doch ändern sich Politik, Wirtschaft und touristische Angebote schnell. Deshalb ist es schwer, hier Tipps zu geben – sie werden sofort überholt sein. Lesen Sie am besten das, was Sie genau benötigen, und zwar genau dann, wenn Sie es brauchen.

Gewöhnlich mag ich es, über schöngeistige Literatur, die aus der jeweiligen Stadt stammt, mehr über fremde Orte zu erfahren. Leider hat es aber Gründe, warum chinesische Literatur, von einigen erotischen Werken abgesehen, bisher in Deutschland kein großer Erfolg ist: Gute Übersetzungen sind rar. Bis vor wenigen Jahren galt Chinesisch bei uns als Exotensprache, es mangelte an guten Übersetzern. Auch sind die chinesische und deutsche Denkweise und damit auch die Sprache derart verschieden, dass es manchmal schwerfällt, passende Entsprechungen zu finden. Ein einfaches Beispiel: Menschen in der Volksrepublik sprechen Freunde und Kollegen, die oft nur ein paar Jahre älter sind als sie selbst, mit 老 *lao*, »Alter«, vor dem Familiennamen an. Das drückt Respekt aus vor der Erfahrung des anderen oder geschieht manchmal einfach aus Gewohnheit. Im Deutschen würde dies aber auf das Lebensalter bezogen und bekäme einen anderen Unterton. Lässt man es weg, geht aber eine wichtige kulturelle und atmosphärische Besonderheit verloren. Chefs reden ihre Mitarbeiterin mit 小 *xiao*, »Kleine« und Familiennamen an. Das führt in der wörtlichen Übersetzung leicht zu Missverständnissen, wenn man nicht weiß, dass auch Männer, die im Rang niedriger stehen, und jüngere Freunde so angesprochen werden. Es gilt als nett, drückt Vertrauen aus, weil die Fremden auf diese Weise fast wie Familienangehörige angenommen werden.

Was die Übersetzung nicht erleichtert: Abhängig von der Politik ändert sich die Sprache ständig. Um bei dem Beispiel zu bleiben: Anreden wie »Alte/r« und »Kleine/r« galten vor der kommunistischen Revolution von 1949 nur für Dienstboten und andere einfache Leute, wurden dann aber auf die gesamte Bevölkerung übertragen, getreu dem Gedanken: Wir sind jetzt alle eine große revolutionäre Familie.

Erst in den letzten Jahren kamen Wörter wie 先生 *xiansheng*, Herr, oder 太太 *taitai*, Gattin, wieder auf, wobei mir mein gar nicht linientreuer Chinesisch-Lehrer zu Letzterem sagte, er könne sich schwer daran gewöhnen, weil er dabei immer an eine Dame mit Perlenkette denke, gegen die man einen Volksaufstand anzetteln müsse. Mit der Rückkehr zum Kapitalismus entstand die Mode, aus Höflichkeit bei Angestellten mittleren Ranges das 总 zong aus 总经理 zongjingli, Generaldirektor, vor den Namen zu setzen. Im Moment ist vor allem 老师 laoshi, Lehrer, angesagt, was als Titel für jeden passt, der zwei Jahre älter ist als Sie oder mutmaßlich zwei Bücher mehr gelesen hat, auch wenn er oder sie noch nie etwas unterrichtet hat.

Solche sprachlichen Umwälzungen spiegeln sich in der Literatur wider und erschweren die Übersetzung. Aufgrund dieser Tücken empfehle ich: Schauen Sie Filme! Darin mögen einzelne Dialoge immer noch fremdartig klingen, aber sie sind anders einzuordnen, wenn man die Menschen und die Umgebung sieht. Ich rate zu chinesischen Filmen und nenne nur einen einzigen ausländischen, weil er in seiner Kategorie unschlagbar ist: »Der letzte Kaiser« (1987) von Bernardo Bertolucci, mit neun Oscars ausgezeichnet.

Es ist nicht nur der monumentale Aufwand, der diesen Film sehenswert macht. Er wurde an Originalschauplätzen in der Verbotenen Stadt gedreht und vermittelt ein Gefühl für die fremdartigen Riten, mit denen sich die Kaiser in Peking von der Welt abschotteten. Vor allem aber zeigt der Film die Wirren der Geschichte, die China im vergangenen Jahrhundert durchgemacht hat, anhand des tatsächlichen Lebenswegs von Pu Yi: Kindkaiser wird Playboy und Kollaborateur in einem Marionetten-regime der Japaner, Gefangener der Kommunisten und dann vom Kommunismus überzeugter Gärtner, der nicht versteht, warum seine revolutionären »Umerzie-her« in der Kulturrevolution selbst verfolgt werden.

Pekinger Verkehr und historische *hutongs* sehen Sie in dem Film »Beijing Bicycle« (2001) von Wang Xiao-shuai, der in der Gegenwart spielt. Auf der Berlinale er-hielt er den Silbernen Bären als Großen Preis der Jury. In den *hutongs* wohnt und radelt ein Junge aus einer ver-gleichsweise armen Pekinger Familie, der wegen seines Fahrrads, das er auf dem Schwarzmarkt erstanden hat, einen noch viel ärmeren kennenlernt: einen Wander-arbeiter, der für einen Kurierdienst arbeitet und dem das Rad gestohlen wurde. Während schicke Sporträder für manche der Schüler aus wohlhabenden Pekinger Famil-ien ein leicht zu ersetzendes Konsumgut sind, mit dem sie bei ihren Freundinnen angeben, wird das Rad für den Boten zum Sinn des Lebens. »Hier ist ein Stadtplan von Peking, prägt euch jede Straße ein«, ermahnt der Chef ihn und seine Kollegen. Die Firma stellt ihnen ein Mountainbike, und durch erfolgreiche Arbeit können sie es abbezahlen und werden formell dessen Eigentü-mer, »ein neuer Managementstil«, wie der Chef un-verhüllt die Absicht erklärt, die Mitarbeiter zu motivie-ren. Aus dem einfachen Verschlag, in dem sie hausen, belauern die Wanderarbeiter ein schönes Mädchen, das in einer Villa ständig die Kleider wechselt. »So viele Klamotten, was für eine Verschwendung«, mokieren sie sich, und: »Diese Stadtleute haben ein großes Haus und sind immer noch nicht glücklich.« Bis sie feststellen, dass die Schönheit ein Hausmädchen ist, wie sie selbst vom Lande, und nur die Kleider der Dame ausprobiert, bei der sie sich verdingt. Besonders beeindruckend sind die Bilder, auf denen der Bote durch Peking irrt, um sein Fahrrad wiederzufinden. Später nutzen der Schüler und der Wanderarbeiter jeweils einen Tag abwechselnd das Fahrrad, eine typische Pekinger Lösung des Problems.

Noch weniger Hoffnung bleibt den Pekinger Wanderarbeitern in »The World« (2004) von Jia Zhangke, auf dem Filmfestival in Venedig für den Goldenen Löwen vorgeschlagen. Obwohl dies der erste Film von Jia Zhangke ist, den er mit Erlaubnis der chinesischen Regierung drehte, zeigt er sehr eindringlich das triste Leben der nach Peking Zugewanderten. Alles ist verlogen. Symbol dafür ist der Themenpark, der dem Film den Namen gab. Vom Eiffelturm bis zu Big Ben können Besucher dort die ganze Welt »besichtigen«. Die Helden sind Wanderarbeiter, die dort für Hungerlöhne schuften und kaum etwas von der Welt mitbekommen. Als ein (echtes) Flugzeug über ihre Köpfe fliegt, fragt die junge Frau, deren Geschichte erzählt wird: »Wer fliegt in diesen Flugzeugen? Ich habe noch nie jemanden kennengelernt, der geflogen ist!« Einem Freund vom Lande, der sie besucht, nimmt sie die Illusionen: »Das ist Peking. Es gibt hier zu viele talentierte Menschen.« Lug und Betrug setzen sich im Privatleben fort, ihr Freund sagt ihr: »Du kannst auf niemanden zählen in diesen Tagen.« Und handelt selbst danach. Wie im heutigen

China üblich, wird viel über SMS kommuniziert – bis es zu einigen tragischen Todesfällen kommt.

Fahrradfahrer bricht Mercedes-Stern ab, vom Sex im Duschklo wird zur Skyline übergeblendet – auf tragikomische Weise treffen sich das arme und das reiche Peking in »Lost in Beijing« (2007), einem Film der Regisseurin Li Yu, der ebenfalls auf der Berlinale vorgestellt wurde. Der Film lief in China zunächst in einer zensierten Fassung in den Kinos, wurde aber dann verboten (Raubkopien sind weiter zu haben). Der Produzent Fang Li erhielt ein zweijähriges Berufsverbot, die Hauptdarsteller mussten »Selbstkritik« üben. Bizarre Begründung: Die vorher von den Zensoren herausgeschnittenen erotischen Stellen waren im Internet aufgetaucht, damit sei der Film in allen Fassungen pornografisch geworden. Der wahre Grund liegt woanders: »Lost in Beijing« zeigt nicht das Image von Peking, das die Parteipropaganda vor Olympia der Welt präsentieren wollte.

»Apfel« (gespielt von Fan Bingbing), so heißt die Heldin des Films, arbeitet als Masseuse und wird von ihrem Chef (Tony Leung Ka Fai) vergewaltigt. Ihr Mann (Tong Dawei) sieht es, er ist von Beruf Fensterputzer und hangelt sich gerade am Seil an dem Hochhaus ab, in dem es passiert. Zunächst will er den Boss erpressen. Doch als sich herausstellt, dass Apfel schwanger ist, einigen sie sich »gütlich«. Denn der Chef hofft schon lange vergeblich auf ein Kind. Sie schließen einen Vertrag, der dem jungen Paar eine Entschädigung zusichert und einen noch viel höheren »Kaufpreis« für das Kind, falls der Vergewaltiger der leibliche Vater ist. Wie in China üblich wird der Vertrag abgestempelt, der Fensterputzer hat natürlich keinen eigenen Stempel und drückt stattdessen seinen Fingerabdruck auf die beiden Vertragskopien. So sitzen die beiden Paare zusammen, auch die Ehefrau des Besitzers des Massagesalons (Elaine Jin), die inzwischen eine Affäre mit dem Fensterputzer hat. Sarkastisch-realistisch wird es, als der Vergewaltiger seine Bierflasche nimmt und lachend mit allen anstößt, 合作愉快 *hezuo yukuai*, »auf fröhliche Zusammenarbeit«. Wie in echten Pekinger Geschäftsgesprächen behauptet er dabei noch: »Wir sind doch alle gute Freunde!«

Das spielt an auf den inflationären Gebrauch des Worts 朋友 *pengyou*, Freund, im heutigen China. Kinder heißen hier 小朋友 *xiao pengyou*, kleine Freunde, Ausländer werden als 外国朋友 *waiguo pengyou*, ausländische Freunde, vorgestellt, auf Pressekonferenzen begrüßt der Sprecher die 媒体朋友 *meiti pengyou*, die Medienfreunde, und die Moderatorin im Fernsehen wendet sich an die 观众朋友 *guanzhong pengyou*, die Zuschauerfreunde.

In Peking macht man das Wetter

Wenn ich in Peking E-Mails aus Deutschland bekam, fiel mir immer wieder auf: Sowohl dienstliche als auch private Briefe endeten oft mit »herzlich aus dem 20 Grad warmen, sonnigen München« oder »Grüße aus dem noch regnerischen Hamburg, aber am Wochenende soll es endlich wieder schön werden«. In Peking wird nicht so viel über das Wetter gesprochen, und in Shanghai noch weniger. Vielleicht gibt es nicht so viel schönes Wetter, über das man sich freuen kann? Oder die Chinesen haben sich an das schlechte schon gewöhnt? Manche Büros in Shanghai und Peking haben keine Fenster – will man dem anderen vielleicht die Blöße ersparen zuzugeben, dass er nicht weiß, welches Wetter gerade herrscht?

In der DDR besang der Liedermacher Reinhold Andert die zukünftige kommunistische heile Welt. So prophezeite er: »In Moskau macht man das Wetter und in Peking die Hochschulreform.« Möglicherweise hat er da nur etwas verwechselt. In Peking redet man nicht über das Wetter. In Peking macht man es.

Zwar wird auch anderswo versucht, das Wetter künstlich zu beeinflussen. Zum Beispiel in Moskau. Aber das Pekinger Wettermacher-Programm ist das aufwendigste der Erde. 1500 Spezialisten sind in Vollzeit damit beschäftigt. 37 000 freischaffende Mitarbeiter unterstützen sie, die meisten von ihnen Bauern, die mit 7113 Fliegerabwehrgeschützen und 4991 Raketenwerfern Wolken abschießen.

»Feuer frei« galt vor allem während der Olympischen Spiele. Die Raketenwerfer, unterstützt von Spezialflugzeugen, schossen und sprühten Silberjodid und Trockeneis in die heranziehenden Wolken, sodass sie abregneten, bevor sie die Eröffnungs- oder Schlussfeier im Stadion erreichten. Durchbrachen sie einmal doch den Anti-Regen-Schutzwall, wurden sie weiter beschossen, nun aber mit umgekehrtem Ziel. »Wir nutzen Kühlmittel aus flüssigem Stickstoff, um die Zahl der Regentropfen zu erhöhen bei gleichzeitiger Verkleinerung jedes einzelnen Tropfens«, erklärte die Chef-Meteorologin Zhang Qian vom Pekinger Wettermodifizierungs-Büro. »Die Wahrscheinlichkeit, dass kleine Tropfen fallen, ist nicht so stark wie bei den großen. So vermindern wir den Niederschlag.«

Mit dem Wetter experimentiert Peking nicht erst seit Olympia. Bereits seit 1958 wird es immer wieder künstlich verändert. Anders als während der Spiele geht es aber gewöhnlich nicht darum, Regen zu verhindern, sondern ihn zu erzeugen. Das vor allem, um eine Plage abzumildern, die Peking jedes Frühjahr heimsucht: Die Sandstürme. 2006 brachte einer 300 000 Tonnen Sand mit sich. Manchmal kommen sie ganz plötzlich. Wie alle anderen Pekinger halte ich mir dann die Hände vor Mund und Augen und versuche, in ein Gebäude oder ein Taxi zu fliehen. Viele vermummen sich mit einem Schal oder tragen Atemschutzmasken. Dicke Lagen von Staub bedecken die Autos. Im Radio wird verlesen: »Die Umweltbehörde rät Ihnen um Ihrer Gesundheit willen, zu Hause zu bleiben oder die Zeit außerhalb auf ein Minimum zu beschränken.« Besonders Kinder und Kranke, so die Behördenwarnung, sollten auf keinen Fall auf die Straße gehen. Das erinnert mich an meine Mutter, die mich in meiner Kindheit immer »raus an die frische Luft« schickte. »Raus an die frische Luft«, das kann man in Peking allenfalls ironisch sagen. Die durchschnittliche Luftverschmutzung liegt im Schnitt fünffach über den von der Weltgesundheitsorganisation verlangten Höchstgrenzen.

Der Sand weht aus der Wüste Gobi herüber, die lediglich 150 Kilometer von Peking entfernt liegt. Und täglich rückt sie näher. Da der Wind den Sand nach Südosten treibt, nimmt der Abstand pro Jahr um zwei Kilometer ab. Natürlich bringt der Pekinger Frühling auch schöne Tage – nur ist er bald wieder vorbei. Dann verstecken sich die Pekinger hinter Schirmen oder halten die Tasche vors Gesicht, um sich vor der Sonne zu schützen. In China sind nur arme Bauern braun gebrannt, jeder Städter und vor allem jede Städterin legen Wert auf vornehme Blässe. Schon im April steigt das Thermometer täglich im Schnitt auf 20 Grad. Die heiße Jahreszeit dauert bis einschließlich Oktober.

Das Wetter ist hier extremer als im Süden Chinas. Im Sommer schmoren die Pekinger bei Temperaturen bis zu 42 Grad, beeinflusst vom ostasiatischen Monsun. Im Winter kann es bis zu minus 27 Grad kalt werden, aufgrund des sibirischen Hochdruckgebiets. Auf Seen wie dem 后海 *houhai*, dem »hinteren See«, kann man dann Schlittschuhlaufen oder mit Eisschlitten fahren. Schnee fällt im Winter gewöhnlich nur ein- bis zweimal, da der Niederschlag gering ist.

Peking gilt unter Chinesen als 干 *gan*, trocken. Wie erklären sich dann die Berichte über schwüle Hitze mit 80 Prozent Luftfeuchtigkeit während der Olympischen Spiele? Warum ist die Niederschlagsmenge pro Jahr nur ein Drittel niedriger als in München? Auch hier ist Peking extrem. In den meisten Monaten fällt weniger als ein Zentimeter Niederschlag. Zwei Drittel des jährlichen Regens überschütten die Pekinger allein in den beiden Monaten Juli und August.

Alles – nur nicht Pekingente

Oft bekam ich in Peking geheimnisvolle SMS von Freundinnen und Freunden, die mich zum 腐败 *fubai* einluden, zum »moralisch Verdorbenen«. Mit diesem Wort werden hier auch korrupte Parteifunktionäre beschimpft, aber in diesem Kontext geht es um: das Schlemmen.

Essen ist für Pekinger wie Sex. Ein wilder Trieb. Ein nicht zu beherrschendes Verlangen. Die aufregendste Art, anderen zu begegnen. Mehr noch, der Sinn des Lebens. Pekinger schuften bis Mitternacht, ohne zu meckern. Aber gibt es um zwölf kein Mittagsmahl und um sechs oder sieben kein Abendessen, dann droht Revolution.

Deutsche reden beim Essen über die Arbeit. Chinesen reden bei der Arbeit übers Essen – und beim Essen sowieso. Treffe ich Pekinger Freunde, grüßen sie »吃了

没有?«, *chile meiyou*, »noch nicht gegessen?« Der Bekannte heißt 熟人, *shuren*, wörtlich »der gare Mensch«. Es geht immer nur um das eine.

Das Laster lockt überall. In Peking habe ich die Wahl zwischen 30 000 Restaurants, das sind achtmal mehr als in Berlin. In vielen Straßen, manchmal sogar ganzen Vierteln, dient jedes Gebäude dem Sinnengenuss, reiht sich ein Etablissement an das andere. Die meisten sind von Weitem zu erkennen an den roten Lampions über dem Eingang. Sofern sie nicht rund um die Uhr für den Gast bereit sind, beginnen sie den nächtlichen Service etwa um fünf Uhr nachmittags. Oft treten die Kellnerinnen und Kellner dann vor dem Lokal in militärischem Reih und Glied an. Die Oberin befiehlt ihnen in schrillem Kommandoton, nur besten Service zu bieten.

Als größte Verlockung der Hauptstadt gilt 烤鸭 *kaoya*, die geröstete Ente, weltweit als Pekingente bekannt. Im Chinesischunterricht lernt man den Mao zugeschriebenen Spruch 不到长城非好汉，不吃烤鸭真遗憾 *bu dao changcheng fei haohan, bu chi kaoya zhen yihan*, »wer nicht auf der Großen Mauer war, ist kein echter Kerl, wer keine Pekingente gegessen hat, der ist wirklich zu bedauern«. Heute sagen einem das noch ältere Taxifahrer. Doch wer hier Pekingente isst, outet sich als Ausländer oder Tourist aus einem anderen Teil Chinas. Das soll keine Warnung sein. Für mich gehört die Pekingente zu den leckersten Speisen nicht nur dieser Stadt, sondern der Erde. Früher war sie dem Kaiser und seinen Höflingen vorbehalten, auch weil sie so kompliziert zu-

zubereiten ist: Damit sie schön knusprig wird, pumpen die Köche zwischen die Haut und das Fleisch Luft, reiben die Ente mit Malzzucker ein und hängen sie mehrere Tage lang zum Trocknen auf, bevor sie sie dann in einem Steinofen backen. Aber so wie Deutsche heute eher eine Pizza oder Dönerkebab bestellen als Eisbein mit Sauerkraut, so stehen die Pekinger auf die Küchen, die die »Außerörtlichen Menschen« aus den anderen Provinzen Chinas in ihre Metropole gebracht haben: Sichuan, Hunan, Yunnan …

»Außerörtliche Menschen« sind auch die, die in den Restaurants bedienen, selbst wenn sie Peking-Küche servieren. In größeren Restaurants schwirren Dutzende Kellnerinnen (Kellner gibt es auch, aber nicht so viele) durch die Flure. Oft kümmern sich mehrere junge Frauen um einen Tisch. Aufgrund der großen Zahl von Arbeitskräften und der niedrigen Löhne ist China ein Service-Paradies.

Der Besuch jedes Hauses beginnt mit einem Flirt. Nicht mit der Kellnerin, die bahnt die Beziehung nur an. Sie trägt meist Uniform, hat ihre Haare oft streng zusammengebunden und ein Nummernschild angesteckt. Sie senkt den Kopf, wenn sie die Wünsche des Kunden notiert. Dabei verrät sie Geheimnisse, sofern sie vom Gast gefragt wird. Und das wird sie fast immer. Schließlich soll es eine rauschende Nacht werden. Auch sind die Speisekarten oft mehr Anmache als körperliche Beschreibung. »Was verbirgt sich hinter den ›vier glücklichen Tofu‹?«, frage ich dann zum Beispiel. »Tofu mit Eigelb, Knoblauch, Hack- und Pökelfleisch«, sagt sie.

Ein vorsichtiges Betasten, ein Flirt mit den Köstlichkeiten, die ich kennenlernen möchte. Ich erhasche einen Blick, sie balzen um meine Aufmerksamkeit. Der tote Schnapper im Aquarium blinzelt mit den Augen. Die Krabben tänzeln in einem Plastikbottich. Chinesische Gasthäuser sehen oft wie ein Zoo aus. Bevor der Fisch getötet wird, führt ihn die Kellnerin in einer Plastiktüte am Tisch vor und wartet auf mein Nicken – so wie man bei uns den Wein vorher probiert.

Mit allen Raffinessen der Liebeskunst wird gespielt. Bevor der Gast die Speisen berühren darf, wird er erst einmal richtig heiß gemacht. Direkt am Tisch schneidet der Koch im »Liqun Kaoya« die Pekingente mit ihren fettigen braunen Krusten in kleine Stückchen, das Wasser läuft mir im Mund zusammen – an die eher mangelhaften sanitären Einrichtungen und das Hinweisschild, das da wörtlich lautet: »Bitte nicht scheißen!«, darf man einfach nicht denken. Perfekte Sauberkeit und schickes Design prägen hingegen das Sichuan-Restaurant »South Beauty« (viele Lokale führen hier neben dem chinesischen Namen einen englischen). Unter dem Beifall der Gäste schüttelt der Kellner dort ein Gefäß, das einer Gebetsmühle ähnelt, so vermischt er den Rucolasalat mit der Soße. Im äußerst populären Feuertopf-Haus »Hao Di Lao«, wo einem die Wartezeit von einer Stunde mit kostenlosem Schuhputzservice und Fingernagelpflege verkürzt wird, schleudert der Meister wie ein Akrobat mehrere Meter lange Nudeln, damit sie noch dünner werden.

Überhaupt ist der 火锅 *huoguo*, Feuertopf, von großer

Wichtigkeit: technisch entspricht er dem Fondue, aber ohne Schweizer Puritanismus und ganz bestimmt ohne Käse. Zur traditionellen Pekinger Küche gehört der mongolische Feuertopf, in dem man vor allem Hammelfleisch kocht. Doch verbreiteter ist heute in Peking der Sichuan-Feuertopf: Wie ein Blutbad wirkt die Brühe, die in einem Metallkessel auf den Gasherd in der Mitte des Esstisches gestellt wird. Genau genommen sind es Paprikaschoten mit etwas Wasser durchmischt. Sobald der Feuertopf warm wird, beginnt ein wildes Vorspiel. Die rote Soße brodelt. Zwiebeln, Ingwer und Kopfsalatblätter, bisher von den Paprikaschoten verdeckt, hüpfen aufreizend vor der Schlemmerrunde, die sich derweil aufgeilt an Geschichten, wie scharf sie das letzte Mal gespeist hat. Die Kellnerinnen stellen Teller auf den Tisch mit dünn geschnittenem Rindfleisch, Fischbällchen und Pilzen. Die Hungrigen können sich kaum noch zurückhalten, wollen die Stückchen in das verlockende Nass werfen. Halt, nicht so ungestüm, mahnen die Erfahrenen, die Soße ist noch nicht bereit.

Doch bald beherrscht sich keiner mehr, alle greifen nach ihren Stäbchen und fingern Fleisch und Gemüse in den heißen Topf. Nach wenigen Minuten stoßen sie wieder mit den Stäbchen in die rote Brühe, holen scharfe Leckerbissen heraus und stecken sie sich in den Mund, jauchzen begeistert und stöhnen, weil ihre Zungen brennen. Es hat etwas von Sadomaso. Wie manche Deutsche am nächsten Tag von ihrem Bierrausch, dem Kopfweh und dem Erbrechen erzählen, so sprechen Pekinger mit lachendem Gesicht über ihre Verdauungsprobleme, ausgelöst von einer Überdosis Paprika. Doch wer schön sein will, muss leiden. Angeblich verhilft das pikante Essen zu einer gesunden Haut.

Es werden immer härtere Sachen aufgefahren. Die Kellnerin stellt die Gedärme einer Gans auf den Tisch. Für mich schmecken sie auch nach dem Kochen im Feuertopf wie Kaugummi ohne Zucker, doch meine Pekinger Esskumpane finden sie schmackhaft und vor allem gesund. Chinesische Küche ist immer auch ein Stück chinesische Medizin. Häufig gehört das Obstgehölz Mispel, wie es heißt gut für die Augen, zur Brühe des Feuertopfes. Den Darm zu essen soll gegen Darmleiden helfen. Vom Glauben daran lässt sich keiner abbringen, auch wenn die unmittelbaren Auswirkungen erst einmal das Gegenteil vermuten lassen. Das Tierorgan, das man verspeist, frischt das entsprechende Organ des Menschen auf, so die traditionelle Idee. Suppe aus Schweineknochen stärkt die eigenen – was wegen des Kalziumgehalts sicher stimmt. Yak-Penis soll gut für die Potenz sein, wurde mir aber nie angeboten, ist auch in Peking keine alltägliche kulinarische Orientierung. Wie ich gelesen habe, kostet diese Spezialität in einem der einschlägigen Restaurants der Hauptstadt umgerechnet 179 Euro – ein Vielfaches vom üblichen Preis der Gerichte. Denn auch bei den Preisen ist Peking ein Essensparadies: In den meisten Lokalen kommt ein üppiges Mahl, ohne Getränke, auf nicht mehr als den Gegenwert von zehn Euro pro Person.

Die Pekinger achten nicht nur auf den guten Geschmack und die heilsamen Nebenwirkungen – für sie ist der Prozess des Essens ein erotischer Akt. Während ich bei Knochen gern eine Aufwandszulage verlange, genießen es die Leute hier, sie im Mund hin- und herzuschieben und das Fleisch bis auf den letzten Kubikmillimeter abzunagen. Die verschiedenen Tofusorten – für mich schmecken sie alle gleich, nämlich nicht besonders. Die Chinesen dagegen erregen sich an ihrem Mundgefühl, an der Konsistenz dieser – nüchtern betrachtet – geronnenen Eiweißbestandteile frisch ausgekochter Sojabohnen: Die eine Masse ist seidig und leicht wie kaum gestockter Joghurt, sie fühlt sich glatt und weich an wie eine Zunge beim Kuss, die andere saftig wie junger Schichtkäse, noch eine andere fest wie eine Scheibe Salami.

Doch auch für mich Europäer ist das Pekinger Essen voller Höhepunkte, etwa im »Din Tai Fung«, dem wohl saubersten Restaurant der Hauptstadt – die weiße Ganzkörperschutzkleidung der Köche würde auch einem Atomkraftwerk alle Ehre machen: Wenn ich die *baozi*, die mit Schweinefleisch oder Garnelen gefüllten Teigtaschen, im Mund jongliere und dabei das Öl auf mein Kinn spritzt. Wenn ich die Suppe schlürfe, die nach den darin schwimmenden Lotuswurzeln schmeckt ...

Wer danach noch nicht voll befriedigt ist, bestellt Reis oder Nudeln. Anders als viele Deutsche glauben, gehört der Reis nicht zum chinesischen Gericht. Er wird oft erst anschließend gegessen, wenn der Hauptakt noch etwas Platz im Magen gelassen hat. Traditionell wird Reis von den Südchinesen bevorzugt, während die Pekinger ihren Magen mit Nudeln und Klößen füllen. Doch mit der Völkerwanderung innerhalb Chinas vermischen sich die Neigungen.

Chinesen feiern das Mahl als Orgie. Das meine ich nicht nur wegen der Hühnerknochen und Barschgräten, die sich nachher über den ganzen Tisch verteilen. Nicht nur wegen des Schlürfens, Schmatzens und all der anderen Geräusche, die Befriedigung ausdrücken. Das Essen ist immer ein gemeinsamer Akt: Keiner bestellt ein Gericht für sich allein, alle bedienen sich aus dem einen Topf oder von einer runden, drehbaren Platte in der Mitte des Tisches, auf die alle Speisen gedeckt werden.

Der Pekinger isst nicht monogam, und auch nicht die Pekingerin. Sie probieren heute dieses, morgen jenes. Denn von »der chinesischen Küche« kann man genauso wenig sprechen wie von »der westlichen«, was die Chinesen machen, Austern aus der Bretagne und Hamburger aus Illinois in einen Topf werfend. Im Reich der Mitte hat jede Region, oft jede Stadt ihre eigene Spielart der Lust – und in Peking buhlen sie alle um die Gunst des Gastes: von Hummer aus Kanton, rot gedünstetem Schweinefleisch aus Maos Heimatprovinz Hunan bis zum Feuertopf aus Sichuan. Auch die häufig genannten Hunde, Schlangen und Kamele gehören zu den chinesischen Speisen, wenn auch eher bei den südlichen Kantonesen, von denen es heißt: Sie essen alles mit vier Beinen, das kein Tisch ist, alles was schwimmt, das kein Schiff ist, und alles was fliegt, das kein Flugzeug ist. Mit ausgefallenen Sexpraktiken haben diese exotischen Gerichte gemeinsam: Es wird deutlich mehr darüber geredet, als dass sie tatsächlich probiert werden. Sie sind in Peking die seltene Ausnahme, aber es gibt sie. Das Einzige, was man hier nicht findet: Das süß-saure Einerlei, das wir »beim Chinesen« in Deutschland bekommen.

Pekinger kaufen zuerst ein Auto ...

Meine Freundin Liu, von Beruf Sekretärin, hasst Taxis. »Die sind mir zu billig«, stöhnt die 28-jährige Pekingerin. »Ich habe es satt, als armer Schlucker angesehen zu werden.« Lässig winkt sie mit ihrer rechten Hand ein Taxi der Marke »Sommergewinn« heran, das mit seiner rundlichen Form an den alten Peugeot 205 erinnert. »In die Hauptstadt-Fahrschule, fahren Sie etwas schneller, sonst verspäte ich mich«, kommandiert sie den Fahrer, als ich sie für eine Reportage zum Fahrunterrricht begleite. Eigentlich sind 出租汽车 chuzu qiche, Taxis, in Peking eine prima Sache. Man findet sie zu jeder Tages- und Nachtzeit überall, Wartezeit höchstens eine Minute. Wenn sie bloß nicht so verdammt billig wären. Eine Strecke in der Innenstadt kostet umgerechnet ein bis zwei Euro. Deshalb gelten sie als Transportmittel derer, die sich noch kein Auto leisten können, denen das Geld fehlt für Benzin und Parken. Die Haltung eines Autos ist hier weit teurer als Taxigebühren. (Dieser Kostenvergleich bezieht sich auf die offiziellen Taxis, nicht auf die Schwarztaxis, von deren Mittelsmännern und -frauen sie am Flughafen freundlich angesprochen werden. Unbedingt ignorieren! Die echten Taxis stehen vor dem Flughafen in der Schlange, und von den wegen des langen Wartens verärgerten Fahrern werden Sie bestimmt nicht überfreundlich behandelt.)

Liu steht für die neue Generation der Autokäufer hier. Als ich das erste Mal nach Peking kam, waren fast alle Autos Dienstwagen für Funktionäre und Manager, die auch heute noch von einem Chauffeur herumkutschiert werden. Dann kamen die Neureichen, die sich privat einen Wagen leisten konnten und gern selbst fuhren. Es dauerte ein halbes Jahrhundert, bis Peking die Zahl von einer Million Autos erreichte, sechs Jahre bis zur zweiten Million, weniger als vier Jahre bis zur dritten Million, ein Jahr später, im Frühjahr 2008, waren es dreieinhalb Millionen…

Pekinger kaufen zuerst ein Auto, Shanghaier zuerst eine Wohnung, heißt es in China. Letzteres hängt mit den beengten Wohnverhältnissen in Shanghai zusammen. Die meisten neuen Autos in Peking gehen an Leute wie die junge Liu, die fahren, weil es ihnen Spaß macht und Prestige verleiht. Zwar ist ein Wagen in Peking auch Transportmittel, vor allem für Bewohner von entfernten Außenbezirken. Mindestens genauso wichtig ist aber seine Rolle als Statussymbol. Viele schämen sich, wenn sie ein einfacheres Auto fahren als Kollegen oder Freunde. Vor allem Männer empfinden es als erniedrigend, in einem Wagen ohne 屁股 *pigu*, wörtlich »Hintern«, zu sitzen. Deshalb haben hier viel mehr Autos ein Heck mit Kofferraum als in Europa. Extremer ist es allerdings in Shanghai, wie ich später beschreiben werde: Dort wird das Auto fast ausschließlich als Statussymbol gekauft.

Liu, die an diesem Tag ein weißes Nike-Sweatshirt und schwarze Adidas-Sportschuhe trägt, wird vom bulligen Fahrlehrer Liu Baohua auf einem VW Santana unterrichtet. »Als ich 1987 hier anfing, hatte unsere Fahrschule zehn Autos«, knurrt der 52-Jährige, der in seiner dunkelblauen Uniform wie ein Automechaniker aussieht. »Jetzt haben wir 100 Autos, und trotzdem müssen die Interessenten monatelang warten, bis sie einen Platz in der Schule bekommen.«

In der Eingangshalle hängen die Fotos von 40 bis 50 Fahrlehrern, jeder Schüler kann sich einen aussuchen und um Ersatz bitten, falls er nicht zufrieden ist. Daneben zeigen drastische, auf Leinwand aufgezogene Bilder von Verkehrstoten, was auf der Straße droht. Doch von der ist man hier noch weit entfernt. Die Fahrschule ist ein Gelände groß wie zwei Fußballfelder, auf dem die Fahrschüler im Kreis fahren. Um die Laternenpfähle sind Reifen gerollt, die den gelegentlichen Aufprall eines Autos abdämpfen. Sowohl die Unterrichtsstunden als auch die Führerscheinprüfung finden in Peking auf solchen abgesperrten Anlagen statt. (Einige Fahrschulen bieten mittlerweile an, sechs der mindestens 58 Stunden Fahrunterricht im wirklichen Verkehr zu riskieren.)

Liu, die das Haar modisch rot gefärbt hat, hört heute zum ersten Mal, dass man in anderen Ländern Autofahren überwiegend auf öffentlichen Straßen lernt. »Das ist ja lebensgefährlich«, sagt sie schockiert. »Auf den Straßen kreuzen doch andere Autos, Radfahrer und Fußgänger den Weg.«

Auf dem Fahrgelände wird notdürftig versucht, echten Verkehr zu simulieren. Statt Parkplätzen gibt es hier Stangen, zwischen denen man Einparken lernt. Beim zweiten Versuch schafft es Liu heute, ohne die Stangen zu streifen. Auf einem fünf Meter hohen Hügel übt sie Anfahren am Berg, vergisst dabei allerdings, die Handbremse zu ziehen.

Ihr Handy klingelt. Sie tritt in die Bremse, bleibt auf der Fahrspur stehen und telefoniert seelenruhig mit ihrer Freundin über die Preise von Musikboxen. Hinter ihr stauen sich die Wagen der anderen Fahrschüler. Endlich einmal eine Situation wie im echten Pekinger Straßenverkehr. Der Fahrlehrer sagt nichts.

Liu fährt weiter, überholt mit 30 Stundenkilometern auf dem Übungsgelände einen Lastwagen der chinesischen Marke »Ostwind«. Er wird von einem zierlichen Mädchen gefahren und tuckert mit etwa zehn Stundenkilometern vor sich hin. Fast die Hälfte der Fahrschüler lernt hier auf solchen Lastwagen. »Das sind alles Studentinnen von der Uni, die kein Geld haben«, sagt Liu. Fahren auf dem »Ostwind« ist Schwerstarbeit, das in den Fünfzigerjahren entwickelte Modell besitzt weder einen hydraulischen Bremsverstärker noch eine Servolenkung. Der Führerschein auf dem Lastwagen kostet 2500 Yuan (umgerechnet etwa 250 Euro) statt der 3860 Yuan, die Liu bezahlt hat. Er berechtigt anschließend aber ebenso zum Fahren eines Pkw, weshalb viele diese Sparvariante bevorzugen. Einen Pkw fahren sie dann nach der Führerscheinprüfung zum ersten Mal.

Wenn Sie nach Peking kommen, mögen Ihnen die Fahrer hier rücksichtslos vorkommen. Dieser Eindruck ist nicht ganz unberechtigt. Aber bitte urteilen Sie nicht zu pauschal. Nicht jeder, der anderen die Vorfahrt abschneidet oder ohne zu blinken die Spur wechselt, drängelt aus Eile. Einige sind einfach zu nervös oder kennen sich auf dem Armaturenbrett noch nicht aus. Sicherheitshalber sei darauf hingewiesen: Zebrastreifen dienen in Peking nur der Straßenverzierung und haben keinerlei Bedeutung. Wenigstens veranlassen Fußgänger darauf die Autofahrer nicht, ihr Tempo zu verlangsamen oder gar anzuhalten. Aus Rache ignorieren die Passanten im Gegenzug das Rot der Fußgängerampeln.

Aus gutem Grund haben auf mehrspurigen Pekinger Straßen brusthohe Barrikaden die durchgezogenen Mittelstreifen ersetzt: Nur auf diese Weise lässt sich verhindern, dass die Autos auch noch auf den Gegenspuren überholen oder mitten im Stau wenden.

Am Sonntag nach unserer gemeinsamen Fahrstunde mischt sich Liu in das Gedränge auf Pekings größtem Automarkt am »Dorf der Asienspiele« (wegen seines schnellen Wachstums musste er mittlerweile an einen anderen Ort außerhalb des fünften Rings umziehen, heißt aber trotzdem noch »Automarkt am Dorf der Asienspiele«, obwohl er nun weit von dort entfernt liegt). Tausende Wagen stehen zum Verkauf, manche in überdachten Hallen, manche draußen geparkt. Eine schicke Pekingerin in Minirock und auf Schuhen mit hohen Absätzen fotografiert ihren Mann am Lenkrad eines BMW, in China übersetzt als 宝马 *baoma*, wörtlich »edles Pferd«. Ein Papa setzt seinen fünfjährigen Sohn für das Foto auf die Kühlerhaube eines New Beetle von VW. Dazwischen verkaufen Frauen Eis am Stiel aus umgehängten Styroporkästen. Verkäufer kochen Fertignudeln. Männer stürmen auf Liu zu und drängen ihr ihre Visitenkarten auf – freischaffende Autodealer. Sie gehören zu keinem der Stände hier und haben selbst kein Auto zum Verkauf, sie bieten sich als Berater und Vermittler an. Der 56-jährige Sun Jihai zwinkert der kleinen Liu zu: »Nehmen Sie mich mit, sonst haut Sie hier noch einer übers Ohr.«

Der Vermittler, der von Provisionen lebt, führt Liu zum Stand eines Volkswagen-Verkäufers. Ein schwarzer Santana Vista kostet an diesem Tag 97 000 Yuan, das entspricht knapp 10 000 Euro, »vor drei Jahren haben ähnliche Modelle noch 160 000 gekostet«, wirbt der Zwischenhändler Sun. Tatsächlich purzeln die Preise auf dem Pekinger Automarkt, seit die Konkurrenz immer größer wird. Doch der Santana von VW gilt hier als veraltete Funktionärskarosse, ist Liu nicht modern genug. Ihr gefällt ein Renault Scenic. »Haben Sie den auch in Grün?«, fragt sie. Als der Händler verneint, zieht sie weiter. Farben sind beim Autokauf in Peking wichtiger als die Fahreigenschaften. Die lassen sich ohnehin kaum ausschöpfen. Die durchschnittliche Pekinger Fahrgeschwindigkeit ist in den letzten zehn Jahren von 45 auf zwölf Stundenkilometer gesunken. Die Ringstraßen sehen von oben wie große Parkplätze aus. Selbst nachts um zwölf bilden sich manchmal noch Staus. Bis heute sprechen die Pekinger über den »Jahrtausend-Super-Verkehrsstau« am 7. Dezember 2001: Unerwartet fiel an diesem Nachmittag etwas Schnee, und da weder Regierung noch Bürger darauf eingestellt waren, stand die ganze Stadt still. Im Stop-and-go kam es zu 1047 Auffahrunfällen.

Für dieselbe Reportage begleite ich die Toningenieurin Yang, ebenfalls 28, ebenfalls schick und schön. Schon nach acht Besuchen auf Automärkten und in Autogeschäften – im Pekinger Vergleich eine kurze Zeit für eine Autosuche – findet sie ihren Traumwagen: Einen hellgrünen neuen Polo. »Dieser Polo ist modern und passt zu einem Mädchen«, schwärmt sie. »Und diese Farbe ist schwer zu finden.« Auch technisch scheint das Modell in Ordnung zu sein, das sagt zumindest ihr ehemaliger Studienkollege Wang, den sie als Berater mitgenommen hat.

Heute kostet der Wagen 90 000 Yuan. »Ich weiß, dass die Preise weiter fallen, aber ich kann nicht mit dem Kauf warten, bis ich 80 bin«, sagt die junge Pekingerin. Sie öffnet ihren schwarzen Lederrucksack und packt das Geld aus, 900 Einhundert-Yuan-Scheine mit Mao-Porträt – Barzahlung ist beim Kauf von Autos in Peking normal, und 100 Yuan, umgerechnet rund 10 Euro, ist der größte Schein im Lande. Mehr als die Hälfte des Kaufpreises ist ein Geschenk ihrer Eltern, auch das ist in

China üblich. Fahren die selbst auch ein Auto? »Natürlich nicht, die sind schon über 50«, sagt Yang.

Die Bank hat die Scheine schon in Hunderter-Päckchen sortiert und mit Papierstreifen zusammengeklebt. Die Verkäuferin zerreißt die Streifen und lässt das Geld von einer Maschine neu zählen. Sie kontrolliert mit einer UV-Lampe, ob die Banknoten echt sind. Dann zählt sie sie noch einmal von Hand durch. Es ist 9 Uhr morgens, und diese Geldübergabe ist erst der Beginn einer langen Kaufprozedur.

Denn nachdem das Geld übergeben ist, müssen Yang und ihr Freund eine Reihe von Behördengängen erledigen, bevor sie das Auto mitnehmen dürfen. Techniker testen es auf Sicherheit und füllen viele Formulare aus. Die Industrie- und Handelsbehörde kontrolliert die Echtheit der Dokumente. An einer anderen Stelle bezahlt Yang die Kaufsteuer, wieder an einer anderen die Straßennutzungsgebühr. Unpraktischerweise liegen alle diese Behörden an verschiedenen Orten. Das Nummernschild wird von einem Amt am äußeren Stadtrand Pekings vergeben, eine Stunde Taxifahrt. Dort warten die beiden in einer Schlange, müssen weitere Papiere ausfüllen. Bis sie zum Autohändler zurückkehren, ist es 19 Uhr. Der Polo gehört Yang!

Doch die Angst ist größer als die Freude. »Ich bin noch nie auf einer Straße Auto gefahren, und jetzt geht auch schon die Sonne unter«, jammert sie. Die Sorge vor der Nachtfahrt ist berechtigt, vor allem, weil Pekings Fahrräder kein Licht haben, aber trotzdem auf vierspurigen Straßen durch die Blechlawinen wuseln, oft gegen die Fahrtrichtung. Ihr Freund fährt sie in ihrem neuen Auto nach Hause.

An den nächsten Tagen versucht sie erstmals in ihrem Leben, selbst auf einer öffentlichen Straße zu fahren, ein Jahr nach ihrer Führerscheinprüfung. »Es ist alles ganz anders als auf dem Übungsgelände«, klagt sie. In der Ausfahrt eines Parkhauses würgt sie ihren Wagen ab, bringt ihn in ihrer Panik nicht mehr in Gang. Sie hupt, bis ihr jemand zuhilfe kommt. Drei Wochen nach dem Kauf des Polos rammt sie einen Mercedes von hinten. »Es war nicht meine Schuld, ein Fußgänger überquerte die Straße, und der Fahrer bremste plötzlich«, sagt sie. »Nur das Blech war beschädigt. Zum Glück waren es zwei deutsche Autos, die sind stabil, bei japanischen Modellen wäre das anders ausgegangen.« Ob sie nun Angst hat vorm Autofahren? »Nein, seit meinem Unfall hängt ein rosa Schweinchen an meinem Rückspiegel«, sagt sie ernsthaft. »Schweine bringen Glück.«

Auf Schweinchen wollte ich mich in Peking nicht verlassen. Zwar habe ich einen chinesischen Führerschein. Internationale werden hier nicht akzeptiert, man muss eine neue Prüfung ablegen, wenn auch nur eine theoretische. Auf einem Computermonitor erscheinen die Fähnchen der Länder, in deren Sprachen man getestet werden kann, man klickt auf das gewünschte Fähnchen, auch das deutsche ist dabei. Kostprobe aus der deutschen Version der Prüfung:

»Wenn es beim Überholen Möglichkeit besteht, mit entgegenkommenden Fahrzeugen im Gegenverkehr zusammenzustoßen,

A. muss man sich beschleunigen, um den Zusammen-
stoß zu vermeiden
B. muss man hupen, um anzuzeigen, dass die entgegenkommenden Fahrzeuge ihre Fahrgeschwindigkeit
vermindern sollen
C. darf man nicht überholen.«

Anders als Liu finde ich es aber wesentlich angenehmer,
mich zum deutschen U-Bahn-Tarif per Taxi durch Peking befördern zu lassen, als im Verkehrsdschungel um
Lücken in den Fahrspuren zu kämpfen. Zumal man oft
nette Geschichten mit Taxifahrern erlebt, vorausgesetzt,
man spricht chinesisch, denn ihre Englischkenntnisse
beschränken sich gewöhnlich auf das Wort »hello«, seit
Olympia ist noch »Beijing welcomes you« hinzugekommen. Ich habe es dabei gelernt, folgende Typen von
Pekinger Taxifahrern zu unterscheiden:

1. Die Redseligen. Sie kritisieren die chinesische Regierung (»Umweltschützende Fahrverbote verhängt
die Regierung nur während Olympia, anschließend
kommt der Smog zurück, die Gesundheit der Pekinger ist denen egal«) und die deutsche (»das Treffen
von Merkel mit dem Dalai Lama war ein schwerer
Fehler«), aber loben frühere deutsche Bundeskanzler
(»mit seinem Kniefall in Polen hat Willi Brandt Größe
bewiesen«). Sie kommentieren auch gern das Privatleben der Fahrgäste (»Sie sagen, Ihre Frau kommt aus
Sichuan, das ist eine gute Wahl, die sind sehr schön
dort, die Männer aus Sichuan aber kriegen nichts ge-
backen«). Manchmal sagen sie, »lass uns Freunde werden« (»und bitte gib mir deine Handynummer, dann

rufe ich dich das nächste Mal an, wenn ich einen ausländischen Fahrgast habe und ihn nicht verstehe«),
bieten aber auch ihre eigene Hilfe an: »Suchen Sie
mich auf, wenn Sie Geschichten vom alten Peking
hören wollen, meine Familie lebt seit 200 Jahren hier.
Es gibt zwei Arten von Geschichte, die offizielle und
die der Menschen. Ich kann Ihnen beide erzählen.«

2. Die Stereotypen. Ihre Fragen und Bemerkungen
wiederholen sich so oft, als würden sie einem vorge-
gebenen Merkblatt folgen: »Oh, Ihr Chinesisch ist
sehr gut. Sie sind ein China-Experte!« – »Wie viele
Jahre leben Sie schon in Peking?« – »Ist Ihre Familie
auch hier?« – »Woher kommen Sie? – »Oh, Deutschland, sehr gut (gewöhnlich dreht sich der Fahrer dabei um und streckt den Daumen nach oben), ich bin
ein Fan von Beckenbauer. Und die deutschen Autos
sind auch toll, Volkswagen, BMW, Mercedes. Deutsche sind sehr fleißig.«

3. Die Mürrischen. Die trifft man besonders, wenn man
vom Flughafen, der im Osten der Stadt liegt, zu einem
Fahrtziel im Osten Pekings möchte: »Ich habe vier
Stunden in der Schlange gestanden …« Ungern ange-
fahren werden auch Staugebiete im Feierabendver-
kehr – also fast alle Straßen zu jener Zeit.

4. Die Hilfsbedürftigen. Immer mehr Taxifahrer sind
Bauern aus der Umgebung Pekings. Zum einen wählen immer weniger Hauptstädter diesen harten Job
mit sieben Zwölfstundentagen pro Woche. Zum
anderen sparen die Taxiunternehmen Versicherungs-
beiträge, wenn die Mitarbeiter keinen »eingetragenen

ständigen Wohnsitz« für Peking haben. Das Problem ist nicht einmal, dass diese Neufahrer keine Straßen in Peking kennen. In einer Metropole dieser Größe sind die meisten auch ihren erfahrenen Kollegen unbekannt. Man sollte also in der Nähe befindliche bekannte Gebäude nennen können oder zumindest den Stadtteil als Anhaltspunkt wissen. Gerät man aber an einen ortsfremden Fahrer, der selbst von bekannten Parks und Sehenswürdigkeiten noch nichts gehört hat, wird es schwierig. Man muss ihn führen, vorausgesetzt, man selbst kennt den Weg. Anderenfalls hält er alle fünf Minuten an und fragt jemanden – um auf gleicher Ebene zu kommunizieren meist »Sicherheitsverteidiger«, ebenfalls Jungs vom Lande, die in Peking aber in aller Regel nur das Gebäude kennen, das sie bewachen. Von dem aber wiederum auf keinen Fall den englischen Namen ...

5. Die Stummen. Sie glauben, dass Ausländer auf keinen Fall Chinesisch verstehen, selbst wenn sie Chinesisch sprechen. Bei chinesischen Angaben wie »bitte links fahren« oder »bitte rechts fahren« rückversichern sie sich deshalb mit ruckartigen Handbewegungen in die gewünschte Richtung, ohne während der ganzen Fahrt auch nur ein Wort zu sprechen.

Bei all diesen Unterschieden haben Pekinger Taxifahrer eine Vorliebe gemeinsam: Sie trinken regelmäßig Tee aus einem Behälter, der wie ein Marmeladenglas aussieht und gewöhnlich griffbereit auf der Mittelkonsole steht. Und sie ziehen bei jeder Ampel kraftvoll die Handbremse, auf völlig flachen Straßen.

Obwohl Pekinger Taxifahrten günstig sind und dazu noch Charakterstudien ermöglichen, hat die Pekinger Stadtregierung, im Gegensatz zur Shanghaier, offenbar keine Absicht, die rapide Zunahme von privaten Pkw zu kontrollieren. Sie will, so einer ihrer Sprecher, »die Konsumbedürfnisse der Menschen mit wachsendem Wohlstand befriedigen und die Entwicklung der heimischen Autoindustrie unterstützen«. Mit letzterer sind nicht nur die 245 einheimischen Marken gemeint mit so exotischen Namen wie »Große Mauer«, »Landwind« und »Doppelte Ringe«, sondern auch die Produkte von Joint Ventures internationaler Konzerne wie Volkswagen oder Toyota, die den Markt in Peking beherrschen.

Angesichts von Smog und Staus wächst aber auch in Peking die Zahl der Bürger, denen die Autos zu viel werden. Manche scherzen über ihre tägliche Tour, die immer mehr zu einer Tortur wird: »Willst du mich erreichen? Ich bin entweder im Büro oder zu Hause oder auf dem Weg vom Büro nach Hause.« In Internetforen diskutieren Autofahrer, was sie sicherheitshalber alles im Wagen haben sollten, etwa Bücher, Klappbett oder Schlaftabletten. Wer kein Auto besitzt, wehrt sich, indem er den Verkehr sabotiert: Fußgänger überqueren sechsspurige Straßen, ohne nach links oder rechts zu schauen; die noch verbliebenen Fahrradfahrer überfahren die Kreuzungen diagonal; Dreiradmopeds sind trotz Verbots in der Innenstadt als Billigtaxis unterwegs, manchmal auch gegen die Fahrtrichtung; gelegentlich ziehen sogar noch Bauern mit ihren Eseln durch Peking, verkaufen Äpfel aus dem Karren oder transportieren damit Backsteine zu Baustellen.

Experten sagen, die Stadtplanung halte mit der rapiden Zunahme des Autoverkehrs nicht Schritt. In manchen Vorstädten Pekings sieht man über Dutzende Kilometer hinweg kein einziges Verkehrszeichen. Dafür gibt es in der Innenstadt oft alle paar Hundert Meter eine Ampelkreuzung. Die seltsamste und meistbeschimpfte Erfindung ist die Xizhimen-Kreuzung, eine Überführung, auf der sich sogar ortskundige Fahrer oft verloren fühlen. Einige schlagen vor, einen Sessel darüberzuhängen und den Straßenplaner selbst sehen zu lassen, »was für eine verdammte Brücke er gebaut hat«.

Bei vielen Bewohnern Pekings liegt der Führerschein zu Hause in der Schublade, etwa bei meiner langjährigen Mitarbeiterin Ellen Deng. Den englischen Namen hat sie sich wie viele Leute hier selbst zugelegt, eigentlich heißt sie Deng Yu. Der in China vorangestelle Familienname ist in ihrem Fall der gleiche wie der von Deng Xiaoping, dem großen chinesischen Reformer. Sie sehnt sich zurück nach dem 压马路 yamalu, was bedeutet: »Liebende spazieren ungezwungen auf der Straße.«

»In der Vergangenheit gehörte Peking den Spaziergängern, und die Autos zogen nur vorbei«, sagt sie. »Aber heute verlieren die Straßen ihren Charme und werden zu einem Ort mit verschmutzter Luft, Krach und dem Risiko von Unfällen. Die Räder haben die Übermacht. Ich möchte wieder Liebeswandeln!«

Olympia und seine Spätfolgen

Angesichts von so viel Autoverkehr mögen Sie sich fragen, ob es in Peking auch U-Bahnen gibt. Gibt es, aber in nennenswertem Ausmaß erst, seit China im Jahr 2001 den Zuschlag für die Olympischen Spiele bekommen hatte. Früher fuhren nur zwei Linien. Eine gerade entlang der Ost-West-Achse, parallel zur Avenue des Ewigen Friedens. Und eine runde, die aber auch nur einige Ziele in der Innenstadt erreichte und nicht die Außenbezirke, in denen die meisten Pekinger wohnen.

Das hat sich inzwischen verändert! Acht Linien durchziehen jetzt die ganze Metropole. Der Preis für eine Fahrt wurde von drei Yuan (rund 30 europäische Cents) für eine einfache Fahrt in der Innenstadt gesenkt auf zwei Yuan (rund 20 Cents) für alle, auch Langstreckenfahrten. Die Bahn ist schnell, sauber und zuverlässig. Die nächste Station wird jeweils auf Chinesisch und Englisch durchgesagt. Busse fuhren in Peking schon vorher überall, doch seit Olympia verkehren 34 zusätzliche Linien.

Ein weiterer Fortschritt: Man kommt jetzt ohne Zehenbrüche oder abgerissene Knöpfe in die U-Bahn hinein und auch wieder heraus. Da die Wagen oft überfüllt sind, glaubten früher viele Passagiere, sie hätten nur dann eine Chance, mitgenommen zu werden, wenn sie sich mit verschränkten Armen direkt vor den Türen postierten und sofort hineindrängten, ohne Rücksicht auf Leute, die aussteigen wollten. Doch dann kam Shangguang Yue, hauptamtliche Funktionärin der Kommunistischen Jugendliga! Das Fernsehen filmte sie, in Olympia-Shows erzählte sie von ihren Erfahrungen. Sie hielt in U-Bahn-Stationen ein Schild »Bitte stehe mit mir Schlange«. Hinter ihr reihten sich demonstrativ weitere Aktivisten. Einige Passagiere schlossen sich an, aber die meisten drängelten wie üblich an ihnen vorbei in den Zug. »Bitte stellen Sie sich an, Zivilisation fängt im Kleinen an«, rief Shangguang ihnen dann zu. So lernten die Pekinger gesittetes Warten. Zunächst funktionierte es nur einmal im Monat, immer am 11., von der Stadtregierung zum »Tag des Schlangestehens« erklärt, weil die beiden Ziffern wie zwei Leute aussehen, die sich anstellen. Mittlerweile stellen sich Passagiere auch an anderen Tagen an, sind auf den Plattformen Wartestreifen eingezeichnet. Die Stationen haben jetzt Ordner angestellt, die darauf hinweisen.

Die enorme Verbesserung der öffentlichen Verkehrsverbindungen ist einer der Gründe, warum sogar Greenpeace sagt: Es war gut für die Umwelt, Olympia 2008 an

Peking zu vergeben. 40 junge Leute wuseln durch die Gänge des Pekinger Greenpeace-Büros, stimmen sich per Zuruf ab, Chinesen, Koreaner, auch Schweizer und Kanadier sind dabei, eine internationale Gemeinschaft, die in die Pekinger Luft hinausblickt, davon zeugt vor allem die Sicht aus dem Fenster, genauer gesagt die fast nicht vorhandene Sicht: eine graue Soße. Ist es Nebel oder Umweltverschmutzung? »Mit bloßen Augen lässt sich das nicht für jeden Tag genau festlegen«, schmunzelt Lo Szeping, der Kampagnen-Direktor von Greenpeace China. »Aber meistens ist es hier eine Mischung aus beidem.«

Trotzdem gibt Lo, der selbst aus Hongkong kommt, der Pekinger Führung überraschend gute Noten. Die »grüne Olympiade« sei nicht nur eine Propaganda-Losung gewesen: »Erstmals hat ein Entwicklungsland die Olympischen Spiele zum Anlass genommen für ökologische Veränderungen.« Und die habe es gegeben. Er stützt sich dabei nicht auf die offizielle Statistik, die von mehr Sonnentagen und geringeren Schmutzwerten spricht. Die ist umstritten, da Messgeräte in einzelnen Fällen von Verkehrsknotenpunkten in Parks verlegt worden sein sollen. »Das muss nicht unbedingt eine Manipulation sein, in einer sich dynamisch verändernden Stadt wie Peking ist es wissenschaftlich korrekt, die Messstandorte permanent zu verändern«, betont der Greenpeace-Mann. »Was aber fehlt, ist die Transparenz darüber, warum sie verlegt werden.«

Trotzdem zieht er eine positive Bilanz der getroffenen Maßnahmen. Ohne sie wäre die Verschmutzung Pekings weiter vorangeschritten. Haushalte wurden von Kohleheizung auf Gas umgestellt. Während Chinas Energieversorgung insgesamt noch zu 70 Prozent auf Kohle beruht, stützt sich Peking jetzt zu 78 Prozent auf saubere Energien wie Erdgas, verflüssigtes Erdölgas, geothermische und Sonnenenergie. Seit 2001 hat Peking 56 Windmühlen gebaut, die 200 Millionen Kilowatt pro Stunde erzeugen, dreimal so viel wie ursprünglich geplant. Industriebetriebe wurden aus der Stadt verlegt. Die dadurch erreichte bessere Luft wird zwar durch die Autos, deren Zahl zunimmt, wieder vergiftet. Autos gäbe es aber noch viel mehr, hätte Peking nicht gleichzeitig die öffentlichen Verkehrsmittel gewaltig ausgebaut. »Weite Teile Pekings kann man nun ohne Auto erreichen«, sagt Lo. »Von Los Angeles lässt sich das nicht behaupten.«

Überhaupt sieht der Greenpeace-Campaigner viel Heuchelei des Westens, wenn über Pekings Umwelt geredet wird. Es sei schwer, Chinesen zu überzeugen, auf das Auto zu verzichten, wenn in den USA oder Deutschland jeder eines fährt. Er meint: »Deutschland rühmt sich, ein ökologisch ausgerichtetes Land zu sein – aber es sind vor allem Wagen von deutschen Autoherstellern, die die Straßen Pekings verstopfen.« Und obwohl China arm ist, gilt für neu zugelassene Autos hier jetzt der Abgasstandard EURO IV. Die USA sind davon weit entfernt.

Während der Olympischen und der Paralympischen Spiele galt für die Hälfte der Autos Fahrverbot, jeweils abwechselnd für die, deren Nummernschild mit einer geraden oder ungeraden Ziffer endete. Nach Olympia wurde beschlossen, dass jedes Auto einen Tag in der Woche nicht fahren darf, um die Luftverschmutzung zu vermindern: Montag die Autos, deren Nummern mit 1 oder 6 enden, Dienstag die mit 2 oder 7, Mittwoch die mit 3 oder 8, Donnerstag die mit 4 oder 9 und Freitag die mit 5 oder 0. Aus Fairnessgründen rotieren die Ziffern regelmäßig, sodass jeder mal am Montag oder Freitag unter dem Fahrverbot leidet. Am Wochenende dürfen alle fahren, was Autobesitzern die Chance gibt, die freien Tage auf den Bergen außerhalb der Stadt zu verbringen.

30 Prozent der Wagen in den Autoflotten von Stadt- und Zentralregierung wurden ausgemustert. Eine weitere Pionierleistung Pekings: Vor Olympia kaufte die Stadt 3759 Busse, die mit Naturgas betrieben werden.

Ein anderes Erbe Olympias ist die veränderte Architektur der Stadt. Überall wuchsen Wolkenkratzer mit Tiefgaragen, und frei nach dem olympischen Motto mussten sie schöner, weiter und höher sein als sonst wo auf der Welt. Aus »Proletarier aller Länder, vereinigt euch!« wurde »Stararchitekten aller Länder, vereinigt euch!«. Zwanzig neue Sportstätten wurden erbaut, elf alte renoviert. Allein für das neue Nationalstadion mit seinen kreuz und quer verlaufenden Streben wurden 42 000 Tonnen Stahl verbaut. Der Pekinger Volksmund hatte für die ungewöhnliche Konstruktion, die die Schweizer Architekten Herzog & de Meuron entworfen haben, schnell einen neuen Namen: »Vogelnest«. Die zum Vogelnest verschlungenen Streben sind jeweils 1 Meter 20 breit und 36 Kilometer lang.

Die Aluminiumhalle der Gewichtheber schwebt wie ein Ufo über dem Gelände der Uni für Aeronautik und Astronautik. Die Gymnastinnen turnten in einem zerfließenden Golfball. Das Nationale Schwimmzentrum mit seinen wechselnden Farben wird aufgrund seines Aussehens »Wasserwürfel« genannt. Es ist 177 Meter lang und wurde aus 4000 wabenartigen Kunststoffblasen aus ETFE zusammengesetzt.

Eine gigantische Verschwendung? Für die Olympischen Spiele hat Peking mehr als 40 Milliarden Dollar verbaut, dreimal so viel wie Athen vier Jahre zuvor. Doch ein Großteil der Ausgaben kommt der Metropole auch nach den Spielen zugute. Nicht nur die erwähnten U-Bahn-Linien: Schon unmittelbar nach den Spielen waren 70 Prozent der Athletenunterkünfte im olympischen Dorf als Wohnungen verkauft. Sowohl im Vogelnest als auch im Wasserwürfel wurden Sitzplätze entfernt, um Platz zu schaffen für Restaurants, Kinos und Läden. Wo Bolt und Phelps Weltrekorde brachen und Goldmedaillen erkämpften, erholen und vergnügen sich heute Pekinger Familien und Touristen, schwimmen und laufen Schlittschuh. Im Vogelnest spielen Musikgruppen. Der Wasserwürfel enthält einen Wasserpark mit Surfanlage.

Nach dem Spitzensport will Peking jetzt den Massensport entwickeln. Zwar turnen überall Menschen, vor allem ältere, an einfachen Stangen und Laufgeräten, die in Parks und Wohngebieten aufgestellt sind. An Schwimmbädern und Fußballplätzen mangelt es aber. Eine Untersuchung der Generalverwaltung für Sport

hat ergeben: In China kommen nur knapp sieben Sport-
anlagen auf 10 000 Bürger, während es etwa in Japan 200
sind. Deshalb schrieb die offizielle Nachrichtenagentur
新华 *Xinhua*, »Neues China«, nach den Spielen: »China
muss den Goldmedaillenrausch jetzt in einen Sport-
rausch verwandeln.«

Die Sportbegeisterung hält sich in Grenzen bei denen,
die wegen der gigantischen Arenen ihr Haus verloren
haben. Die pensionierte Kindergärtnerin Qiu Guizhi
war zu Besuch bei ihrer Tochter im Süden Chinas, als
die Nachbarn anriefen: »Die wollen unser Haus abreißen.« Sie kehrte umgehend nach Peking zurück. Die
Fenster ihrer Wohnung waren zerbrochen, ihre Möbel
gestohlen.

Auf der Spitze des sechsstöckigen Gebäudes entrollte
sie ein Spruchband: »Ministerpräsident, hilf mir!« Aus
Verzweiflung wollte sie vom Dach springen. Polizisten
verhinderten den Selbstmord. »Du bist schamlos«, beschimpften sie die Rentnerin, sie habe »den Verkehr und
die soziale Ordnung gestört«.

»Wer hat dich dazu aufgestachelt?«, fragten sie die alte
Frau in endlosen Verhören. Ohne Gerichtsurteil wurde
Qiu Guizhi zehn Tage eingesperrt. Als sie wieder nach
Hause durfte, war die Tür ihrer Wohnung herausgebro-
chen, die Heizung zerstört. Einige Wochen später wurde
das Gebäude abgerissen. »Ich fühle mich so verletzt«,
sagte sie mit apathischem Gesicht. »Ich weiß nicht, was
ich tun soll.«

300 000 Pekinger mussten den Olympiagebäuden
weichen. Nicht immer ging es dabei gewaltsam zu. Viele

der Umgesiedelten waren einverstanden mit der Abfindung, die sie bekamen, oder wollten lieber in einem neuen Hochhaus wohnen. Und zwei Wochen vor der Eröffnungszeremonie der Olympischen Spiele kündigte Liu Shaowu, Sicherheitschef des Pekinger Organisationskomitees für die Olympischen Spiele (BOCOG), überraschend an: Wer weiterhin unzufrieden sei, dürfe während Olympia in Peking protestieren. Nach vorheriger Anmeldung bei der Polizei. Nicht in den Sportstätten und nicht auf der Straße, sondern in drei dafür ausgewählten Parks: Ritan-Park, Weltpark des Fengtai-Distrikts, Zizhuyuan-Park des Haidian-Distrikts. Auch zwei alte Frauen, Wu Dianyuan, 79, und Wang Xiuying, 77, wollten diese Chance nutzen. Wie die pensionierte Kindergärtnerin Qiu hatten sie wegen Olympia ihr Haus verloren.

Protestparks – der Beginn einer neuen Freiheit in China? Eine Speakers' Corner wie im Londoner Hyde-Park? Ein schlauer Schachzug, fern von den Olympiabesuchern Demos zuzulassen und damit gleichzeitig einen Vorwand zu haben, sie an anderen Orten der Stadt zu unterdrücken? Manche fragten sich sogar: Werden hier Schauspieler engagiert, um zu belanglosen Themen Schilder in die Luft zu recken und Parolen zu rufen?

Nichts dergleichen. An den meisten Tagen war in den Parks gar nichts los. Warum das so kam, zeigte mein Erlebnis im Ritan-Park. Ein Mann zupfte mich am Ärmel: »Sind Sie Journalist? Sie müssen uns helfen!« Plötzlich war ich von seiner ganzen Familie umgeben. Der dreijährige Xingyang hielt ein Schild, auf dem stand: »Die Regierung des Kreises Huimin, Shandong-Provinz, hat illegal das Haus meiner Großmutter verkauft und das Geld weggenommen.« Der Großvater zeigte Dokumente zu dem Fall. Da, wo ihr Haus gestanden habe, sei jetzt ein prunkvolles Bankgebäude errichtet worden.

In Sekundenschnelle postierte sich ein Dutzend Männer um uns. Die meisten von ihnen trugen das Haar kurz geschoren, sie waren muskulös und hatten einen kleinen Kopfhörer im Ohr stecken. Manche von ihnen fotografierten die protestierende Familie und mich, andere filmten. Während sich Geheimagenten in anderen Ländern meist unauffällig verhalten, tritt die Pekinger Stasi offen auf. Es geht ihr darum einzuschüchtern. Nicht mich, sondern die Familie aus Shandong und andere, die Protest erwägen. Journalisten konnten sie nicht viel anhaben, denn die Regierung musste freie Berichterstattung versprechen, um den Zuschlag zu den Olympischen Spielen zu bekommen. Aber sie wollten bei ihren unzufriedenen Landsleuten Angst erzeugen: Sobald die Journalisten weg sind, geht es euch an den Kragen.

Diese Angst war berechtigt. Die Stasiagenten warfen der Familie vor, sie habe ihren Protest nicht angemeldet. Doch alle 77 Anträge von Chinesen, die diesen legalen Weg gewählt hatten, wurden abgelehnt! Die pensionierte Ärztin Ge Yifei wollte für den Park eine Aktion von 100 Hausbesitzern anmelden, deren Grund nun von einer Immobiliengesellschaft aus Singapur genutzt wurde. Polizisten nahmen sie fest und deportierten sie in ihre Heimatstadt Suzhou. Der Anwalt Ji Sizun aus der Fujian-Provinz wurde verhaftet, als er während Olympia seinen Protest anmelden wollte.

Am meisten Aufsehen weltweit erregten die beiden Greisinnen, deren Häuser zerstört worden waren, um für Olympiabauten Platz zu schaffen. Sie blieben hartnäckig, gingen fünfmal auf die Polizeistation, um eine Protestgenehmigung zu beantragen – und wurden schließlich wegen »Störung der öffentlichen Ordnung« zu einem Jahr Arbeitslager verurteilt. »Umerziehung durch Arbeit«, wie es offiziell hieß, für eine 79-Jährige und eine 77-Jährige!

Dieses Umgehen mit der eigenen Bevölkerung zeigte, wie weit die kommunistischen Machthaber von der Realität entfernt sind. Sie glaubten, Proteste während Olympia würden dem Ansehen des Landes schaden. Tatsächlich wären sie, wenn geduldet, von der Welt als positives Zeichen einer Öffnung gedeutet worden. Und vor allem von den Chinesen selbst. Ein Lehrer reiste extra aus der Nähe von Shanghai an, um im Ritan-Park zu sehen, wie die Regierung mit der Kritik umgeht. Er war enttäuscht: »Ich hatte befürchtet, dass es so wird.«

Die Pekinger Bürger sind viel weiter als ihre Regierung. Spontan stellten Passanten im Park die Stasimänner zur Rede und ließen sich auch nicht einschüchtern, als sie von denen nach Namen und Adresse gefragt wurden. »Das ist nicht Ihr Park, das ist der Park des Volkes«, rief ein Mann mittleren Alters einem der Spitzel entgegen. Der antwortete wie zu Maos Zeiten: »Ihr Denken hat Probleme.«

123|

Kurzfristig brachte Olympia also nicht mehr Freiheit, sondern weniger. Das ging bis in den privaten Bereich. So war es etwa Taxifahrerinnen in jenen Wochen nicht erlaubt, ihre Haare zu färben. Auch ich spürte die Einschränkungen in meinem persönlichen Leben. Auf einem Pekinger Postamt wollte ich ein Exemplar meines Buches »Wie die Weltrevolution einmal aus Versehen im Schwarzwald begann« verschicken.

»Geht nicht«, sagte die Schalterbeamtin.

»Warum nicht?«

»Auf dem Cover gibt es sowohl ein Bild des Vorsitzenden Mao als auch das einer Frau im Bikini.«

»Und warum kann man das nicht per Post versenden?«

»Das gefährdet die Sicherheit der Olympischen Spiele.«

Ebenfalls wegen Olympia musste meine größere Tochter an der Deutschen Schule Peking wochenlang ohne Schulbücher auskommen. Sie steckten im Zoll fest, wo in dieser Zeit jede einzelne Behördenbestimmung und jede noch so strenge Zollvorschrift aus Angst vor Anschlägen penibelst eingehalten wurde.

»Wenn jemand von einem Vorort zum Nationalstadion wollte, wurde er auf dem Weg in die Stadt dreimal kontrolliert, und jedes Mal stand ein Polizist mit Maschinenpistole vor ihm«, kritisierte der bekannte Pekinger Künstler Ai Weiwei. »So viel Militär haben wir seit der Invasion der Japaner vor einem halben Jahrhundert nicht mehr erlebt.« Mit künstlerischer Freiheit übertrieb er hier etwas, denn natürlich patrouillierten nach dem Massaker auf dem Platz des Himmlischen Friedens 1989 noch mehr Truppen auf den Straßen.

War es also ein Fehler, die Spiele an Peking zu vergeben? »Nein«, sagte mir derselbe Ai Weiwei. »Es macht keinen Sinn, ein Volk von 1,3 Milliarden Menschen zu isolieren. Wir brauchen den Dialog mit dem Westen für unsere Entwicklung.« Olympia hat mit dazu beigetragen, Peking von einer grauen kommunistischen Stadt in eine zunehmend weltoffene Metropole zu verwandeln.

Um Peking in seinen Widersprüchen zu begreifen, muss man die Geschichten zu Ende erzählen. Die Postbeamtin versandte mein Buch dann doch, betonte aber: »Drei Exemplare hätte ich nicht angenommen.« Wichtiger: Unmittelbar nach Olympia hob ein Ausschuss der Stadt Peking die Verbannung der zwei Seniorinnen ins Arbeitslager wieder auf.

上海 Shanghai

上 shang = oben, über
海 hai = Meer, See

Der Kopf des Drachen

Es war schon immer etwas Besonderes, Shanghaier zu sein. Von meinem ersten Besuch 1986 ist mir vor allem der Nachtspaziergang in einem Park in Erinnerung geblieben, das Schmatzen auf den Bänken, das Rascheln in den Büschen. Überall liebkosten sich junge Pärchen. Peking kam mir in jener Zeit biederer vor. Als mein damaliger Fahrer und seine Freundin dort einmal Hand in Hand gingen, bemerkte mein Begleiter von der Kommunistischen Jugendliga: »Jetzt küssen sich Jugendliche sogar auf der Straße. Vor fünf Jahren gab es so etwas nur in Shanghai.« Es erübrigt sich hinzuzufügen, dass er selbst Pekinger war. Als ich damals während eines Interviews erfuhr, dass jedes vierte chinesische Ehepaar schon vor der Hochzeitsnacht miteinander geschlafen habe, erklärte mir mein Begleiter: »In Shanghai ist das bereits für die Mehrheit der Jugendlichen völlig normal.«

Natürlich wurde ich nicht nach Shanghai geflogen, um über die »sexuelle Verwahrlosung der Jugendlichen« zu berichten, was dies aus Sicht der konservativen Kader war. Es ging vielmehr um die Wirtschaftsreformen, bei denen Shanghai schon in jenen Jahren voranging. Lokal wurde ein »Bankrottgesetz« getestet, das erlaubte, unrentable Betriebe zu schließen – bis dahin im kommunistischen China undenkbar. Ich erlebte, wie arbeitslose Jugendliche in einer Werkstatt des Arbeitsamts zu Teppichwebern ausgebildet wurden. Niemand ahnte damals, dass China einige Jahre später die ganze Welt mit Textilien versorgen werde. Viele Betriebe kamen inzwischen ganz anders daher, hatten nichts mehr mit kommunistischer Wirtschaft am Hut: So hatten etwa vier Jugendliche eine Schneiderei gegründet. Andere arbeiteten als freie Fotografen. Privates Business. Das war zu jener Zeit etwas ganz Neues in China.

Auch fiel mir die Neugier der Shanghaier auf Ausländer auf, während die Pekinger auch diesbezüglich damals noch eher scheu waren. In der Hotellobby wurde ich mehrmals von Studenten angesprochen, die ihr Englisch üben wollten.

Elf Jahre später kam ich wieder nach Shanghai, um einen 60-minütigen Dokumentarfilm über die Metropole zu drehen. Meine Erwartungen waren nicht gering, schon aufgrund meines vorherigen Aufenthalts und weil ich über die vielen Veränderungen seither gelesen hatte. Mittlerweile gab es hier die erste (und bis heute wichtigste) Börse auf dem chinesischen Festland. Shanghai eroberte sich seinen Ruf aus vorrevolutionären

Zeiten zurück, das wichtigste Handelszentrum Chinas zu sein. Ausländische Investitionen in die Volksrepublik liefen über Shanghai. Viele internationale Banken, Anwaltskanzleien und Modefirmen hatten zunächst hier ein Büro eröffnet – noch nicht in Peking. Trotzdem glaubte ich, aus dem vibrierenden Hongkong kommend, mich erst einmal umstellen zu müssen. Das musste ich allerdings, aber anders als gedacht. Shanghai schwang, bebte und zitterte noch viel mehr als die ehemalige britische Kronkolonie.

In Restaurantsälen größer als Fußballplätze fuhren die Kellner auf Rollschuhen, um schneller bedienen zu können. Die Stadt war 24 Stunden auf den Beinen. In Nachtklubs tanzten knapp bekleidete Go-go-Girls zu den früher verbotenen Popsongs aus Taiwan oder zu amerikanischer Techno-Musik. Vor allem aber waren überall Wolkenkratzer in modernem Design in den Himmel geschossen, von denen bei meinem vorherigen Besuch noch keiner gestanden hatten. In Peking waren sie zu jener Zeit noch selten.

Damals ahnte ich noch nicht, dass ich im Jahr 2000 von New York, der Hauptstadt der Welt, nach Shanghai umziehen würde. New York hatte uns begeistert, doch es fiel meiner Frau, unserer damals ein Jahr alten ersten Tochter und mir nicht schwer, uns umzustellen. Überall stießen wir in Shanghai auf perfekten Service: Wenn wir die Firmengründung beantragten oder im Fitnessklub unseres Apartmenthochhauses mit Skylineblick schwimmen gingen, Computer einrichten ließen oder Möbel kauften. Die aggressiven Verkäuferinnen waren, zugegeben, etwas gewöhnungsbedürftig, aber die Geschäfte liefen zum beiderseitigen Vorteil. Als wir einer sagten, der Schrank gefalle uns, sei aber etwas zu groß, sagte sie: Dann schreinern wir Ihnen einen kleineren. Am nächsten Morgen wurde er in unserer Wohnung angeliefert und aufgebaut, alles inklusive zu einem Preis, der unter deutschem IKEA-Niveau lag.

Die Parteipropaganda nannte Shanghai den »Kopf des Drachen«, der ganz China bei der Wirtschaftsentwicklung vorangehen solle. Die Metropole ist eine gute Wahl dafür. Ende 2003 überschritt die Einwohnerzahl die 20-Millionengrenze. Wie immer gibt es hierfür in China unterschiedliche Zahlen: Rechnet man die Außenbezirke mit ein oder nicht? Zählt man nur die Bürger mit »eingetragenem ständigem Wohnsitz« oder alle Einwohner? Im Zweifel macht es Sinn, sich für die größere Zahl zu entscheiden, da sich viele Chinesen gar nicht registrieren lassen, wenn sie in einen Ort wie Shanghai ziehen.

Die Washington Post spricht von der »derzeit aufregendsten Stadt des Planeten«. Hamburg bezeichnet seine Partnerstadt als »Metropole der Zukunft«. Zum Tempo der Stadt passt es, dass in Shanghai seit 2004 Formel-1-Rennen ausgetragen werden, auf einer Rennstrecke, die vom Aachener Streckenarchitekten Hermann Tilke gebaut wurde. Der Streckenverlauf ist dem Schriftzeichen 上 *shang* aus Shanghai nachempfunden.

Während in Peking allenthalben rote Fahnen wehen, sieht man sie in Shanghai selten. Doch auch diese turbokapitalistische Stadt wird von einer leninistischen

|132

Partei geführt. Daran wurde ich jeden Morgen unsanft erinnert. Obwohl wir im 21. Stock lebten, hörte ich es täglich so laut, als würde es unsere kleine Tochter im Nebenzimmer veranstalten: das Trommeln und die Fanfaren der kommunistischen Kinderorganisation Junge Pioniere, die zum Morgenappell rief. Direkt unter unserem Balkon lag eine Grundschule. In rotem Halstuch und Einheits-Trainingsanzug traten alle Schülerinnen und Schüler vor dem Fahnenmast an, in Reih und Glied. Lehrer, die Hände auf dem Rücken verschränkt, inspizierten die militärische Ordnung der Sechs- bis Zwölfjährigen. Wich ein Kind von der Geraden nach rechts oder links ab, boxte ihm der Lehrer in die Rippen. Der Schulleiter brüllte Befehle durchs Mikrofon. Vier Schüler – die mit den besten Leistungen – marschierten im Stechschritt durch die Reihen. Zwischen sich hielten sie straff gespannt Chinas Fahne, mit dem Rot der Kommunisten, dem großen gelben fünfzackigen Stern für die Kommunistische Partei, den vier kleinen gelben fünfzackigen Sternen für die vier Klassen beim Sieg der Kommunisten 1949, die Arbeiter, die Bauern, die städtische Bourgeoisie und die nationale Bourgeoisie. Ein Lehrer half, die Fahne am Fuß des Mastes festzuzurren. Aus Lautsprechern klang der erste Ton der Nationalhymne. Auf dieses Signal hin rissen alle Schüler synchron die rechte Hand über den Kopf und legten sie zum Pioniergruß senkrecht auf den Scheitel. Die vier Schulbesten zogen die Fahne hoch, aus 500 Kinderkehlen donnerte der »Marsch der Freiwilligen«, Chinas Nationalhymne:

Steh auf, wer kein Sklave mehr sein will.
Mit unserem Fleisch und Blut
Lasst uns eine neue Große Mauer bauen!
Chinas Volk steht vor der Entscheidungsschlacht,
Jeder muss seinen Widerstand hinausschreien.
Steht auf! Steht auf! Steht auf!
Millionen von Herzen vereint in einem Geist,
Trotzt dem Gewehrfeuer der Feinde, Marsch voran!
Trotzt dem Gewehrfeuer der Feinde, Marsch voran!
Marsch voran! Marsch voran! Voran!

Das Volk der Shanghaier

Deutsche Zeitgeist-Magazine veröffentlichen gelegentlich mehr oder eher weniger wissenschaftliche Untersuchungen darüber, wie sich die Berliner von den Frankfurtern unterscheiden, die Hamburger von den Münchnern, vor allem aber die Kölner von den Düsseldorfern, bis hin zum Sexualleben. Aus der Perspektive des Halbchinesen wende ich ein, dass sich Deutsche im Schnitt durch ähnliche Eigenschaften auszeichnen, von einigen mundartlichen Besonderheiten abgesehen. Wenigstens sind die Unterschiede minimal, verglichen mit denen innerhalb Chinas. Warum verhalten sich Shanghaier so deutlich anders als Pekinger?

Zunächst: Die Shanghaier sind Südchinesen, wie etwa die Hongkonger. Die Pekinger sind Nordchinesen, wie etwa die Leute aus Harbin an der Grenze zu Russland. In traditionellen chinesischen Possen ist der Nordmensch ein Bauer, der aus dem Süden ein Kaufmann. Die klassische Literatur beschreibt den Nordchinesen als prinzipientreu und zivilisiert, den Südchinesen als listig und wagemutig. Jahrhundertelang wurde China von Peking aus regiert. Von dort stammte nicht nur die herrschende Politik, sondern auch die herrschende Kultur. Wer damit nicht einverstanden war oder dort scheiterte, zog in den Süden. In Peking machte man eine Laufbahn als Beamter. Im Süden bereicherte man sich als Geschäftsmann – oder lehnte sich gegen die bestehenden Verhältnisse auf und wurde Revolutionär. In Südchina erhoben sich 1850 bis 1864 die Anhänger des 太平天国 *taiping tianguo*, des »Himmlischen Reichs des großen Friedens«, gegen den Kaiser. Sun Yat-sen, der Führer der demokratischen Revolution von 1911, stammte aus Kanton, Mao aus Hunan und Deng Xiaoping aus Sichuan – alles Provinzen im Süden Chinas.

Bei Shanghai kommt hinzu, dass es sich antizyklisch entwickelt hat – sein Aufstieg begann mit Chinas Abstieg. Jahrtausendelang war das Reich der Mitte die Weltmacht Nummer eins. Ob in der Kultur oder in der Kriegsführung, der Wirtschaft oder der Wissenschaft – kein Land konnte sich mit ihm messen. 700 Jahre vor Gutenberg druckten die Chinesen Bücher. 1300 Jahre vor den Europäern stellten sie Stahl her. Sie erfanden das Papier (200 Jahre nach Christus), das Porzellan und den Magnetkompass (beides 300 nach Christus) und das Schwarzpulver (1000 nach Christus). Noch im Jahr 1820 erwirtschaftete China ein Drittel des Weltbruttosozialproduktes.

Shanghai hingegen war einst ein Fischerdorf, wurde erst 1533 mit einer Stadtmauer umbaut. Wie der Name 上海 Shanghai sagt, war es vor allem eine »Stadt über dem Meer« – ein Hafen am Huangpu, einem Nebenfluss des Jangtse, der ins Ostchinesische Meer mündet. Das hatte aber damals in China nicht viel zu sagen. Denn erlaubt war nur Binnenhandel. Vorbei waren die Zeiten des Eunuchen Zheng He (1371 bis 1434), Admiral des Kaiser, mit dem verglichen Kolumbus ein Hobbysegler war. Zheng He befehligte 27 870 Seeleute auf 300 Schiffen, unternahm sieben Expeditionen nach Südostasien, Indien, Afrika und Arabien. Astronomen und Meteorologen begleiteten ihn. Kolumbus hingegen hatte gerade mal 90 Mann, seine drei Nussschalen waren nur halb so groß wie Zheng Hes 140 Meter langes Schiff mit neun Masten. Doch unmittelbar nach dem Tod des Eunuchen beging China einen historischen Fehler, der den späteren Abstieg der Weltmacht einleitete: Der Kaiser verbot den Bau von hochseefähigen Schiffen, ließ die bisherigen vernichten und die Eigentümer verhaften. Begründung: Das Reich der Mitte brauche keine Verbindungen zur Außenwelt. Währenddessen entwickelten sich die europäischen Nationen und expandierten. Sie kolonialisierten die Welt.

Chinas Leid war Shanghais Gelegenheit. Die Stadt blühte mit dem Opium auf. Im ersten Opiumkrieg eroberten die Briten den Hafen, um ihn als Basis für ihre Drogengeschäfte zu benutzen. Der Krieg endete 1842 mit dem ungleichen Vertrag von Nanjing, der China zwang, Shanghai für den internationalen Handel zu öffnen. In den Jahren darauf wurden Teile des Stadtgebiets zur »Internationalen Niederlassung«, in der Engländer und Amerikaner herrschten, andere zur »Französischen Konzession«. Im Gefolge des Ersten Chinesisch-Japanischen Krieges 1894/95 bauten die Japaner hier Fabriken auf. Nach der Oktoberrevolution 1917 flohen 20 000 Gegner der Sowjetmacht nach Shanghai.

Shanghai war nun nicht nur der offenste Ort Chinas, sondern sogar der offenste Ort der Erde: Hier konnte man sich ohne Visum niederlassen. Das rettete 18 000 europäischen Juden das Leben, die hier Zuflucht suchten nach den Novemberpogromen und dem Einmarsch der Nazitruppen in Österreich 1938.

Vor allem aber zogen Chinesen aus anderen Landesteilen in die Stadt. Sie flohen vor Unruhen wie dem Taiping- und dem Boxeraufstand, auch ihnen boten die internationalen Konzessionen Schutz. Viele lockte aber einfach das schnelle Geld, das man hier machen konnte, wie sich herumsprach. 1918 durchbrach die Einwohnerzahl die Millionengrenze. 1931 waren es bereits drei Millionen, 1948 viereinhalb Millionen.

Staunend besetzten am 27. Mai 1949 Bauernsoldaten der kommunistischen Volksbefreiungsarmee die glitzernde Metropole, in der alles ganz anders aussah als in dem China, das sie kannten. Die Kommunisten versuchten die Shanghaier »umzuerziehen« – ein historisches Experiment, das man getrost für gescheitert erklären kann. Denn wie in den wildesten Zeiten ihrer Geschichte zeichnen sich die Shanghaier auch heute durch 商业头脑 *shangyetounao* aus, durch »Geschäftsgeist«.

»Geschäftsgeist« ist in diesem Fall ein beschönigendes Wort. Wenn Sie dabei an Hamburger Kaufleute oder Istanbuler Basarhändler denken, haben Sie noch keine Shanghaier kennengelernt. Schon bei Ihrem ersten Spaziergang durch die Stadt werden Sie einen Eindruck davon bekommen, wenn Ihnen Frauen und Männer mittleren Alters auf dem Bürgersteig den Weg abschneiden und rufen »Rolex, Rolex!«. Sie durchschauen sofort, dass es sich dabei um Fälschungen handelt.

Doch den Geschäftsideen sind in Shanghai keine Grenzen gesetzt. Wie reagieren Sie etwa in folgendem Fall: In der Fußgängerzone 南京路 *nanjing lu* oder auf dem 人民广场 *renminguangchang*, dem Volksplatz vor dem Sitz der Stadtregierung (übrigens zu Kolonialzeiten eine Pferderennbahn), kommt scheinbar zufällig ein junges Pärchen (wenn Sie selbst ein Pärchen sind) oder eine schöne junge Frau oder sogar mehrere schöne junge Frauen (wenn Sie als Mann allein reisen) mit Ihnen ins Gespräch. Ihre neuen Bekannten sprechen auch ein paar Brocken Englisch, und nach einigen Minuten sind Sie davon überzeugt, dass es sich um nette Studenten handelt (was vielleicht sogar stimmt) und auf keinen Fall um Prostituierte (sind sie wirklich nicht). Sie haben vielleicht gelesen oder an Ihren ersten Tagen im Lande selbst beobachtet: Chinesen kommen nicht so leicht mit Fremden ins Gespräch. Statt aber nun die Alarmglocken klingeln zu lassen, freuen Sie sich, dass es hier offenbar anders ist. Sie sind dankbar, dass Ihnen die jungen Shanghaier ein nettes Café zeigen wollen. Zumal es vielleicht gerade anfängt zu regnen, was in Shanghai oft passiert. Die Stimmung bleibt bis zum Ende prächtig. Nur werden Sie dann feststellen: Während Ihr Kaffee einen normalen Preis kostet, kommen die »Mixgetränke« (möglicherweise Sinalco gemischt mit Wasser) Ihrer neuen »Freunde« auf umgerechnet ein paar Hundert Euro, plus 80 Euro für die Melonen- und Apfelstücke, die Ihnen unaufgefordert auf den Tisch gestellt wurden.

Es lohnt sich nicht zu diskutieren. Das hatte ich 1997 einmal versucht, als ich fürs deutsche Fernsehen den Dokumentarfilm über Shanghai produzierte. Wie die geschäftstüchtigen Shanghaierinnen in der Nanjing Lu hatten auch mein Kameramann und ich eine Idee, allerdings eine weniger genialer: Um die Parallelen zwischen dem neuen Shanghai und den Dreißigerjahren zu zeigen, stürzten wir uns ins Nachtleben. Wir mussten damals noch unter Behördenaufsicht filmen. Gewünscht waren Berichte über offizielle Zeremonien und Interviews mit Funktionären, Aufnahmen in verruchten Bars waren uns nicht genehmigt worden. Wir stellten also abends die große Betacam-Kamera im Hotel ab und zogen mit einer kleinen digitalen Kamera los, mit der wir unauffällig Bilder machen wollten. Wie gerufen kam ein Mann auf die Straße, der anbot, uns zu einem Klub mit »Girls für fünf Dollar« zu bringen.

Wir endeten tatsächlich wie in einem Film: in einer leeren Fabrikanlage, in der es auch ein paar Mädchen gab, die mit uns knutschen wollten. Die Kamera muss aber irgendwie doch aufgefallen sein. Jedenfalls waren die süßen Mädchen bald weg und dafür ein paar junge

Männer da, die gelinde gesagt nicht die Typen waren, mit denen man nachts gern in einer leeren Fabrik sitzt, auch oder gerade nicht in Shanghai. Der »Sicherheitschef«, wie er sich vorstellte, war dabei nicht unfreundlich, erklärte vielmehr sachlich die Lage (nachdem er alle Bilder aus seinem Klub in unserer Kamera gelöscht hatte, uns aber fairerweise alle anderen ließ): Sein Boss sei sehr verärgert. Da er, der Sicherheitschef, uns jedoch recht sympathisch fände, wolle er auf jeden Fall verhindern, dass uns etwas Schlimmes zustoße. Deshalb berate er nun mit uns, wie man seinen Boss beruhigen könne. Er habe überlegt, möglicherweise sei etwas Geld dabei hilfreich. Er wisse nicht, was sein Boss wolle, aber er selbst habe an 10 000 US-Dollar gedacht.

Die Geschäftsverhandlungen zogen sich über mehrere Stunden hin. Immer wieder ging unser Hauptgesprächspartner nach draußen, um unsere Vorschläge dem angeblich dort sitzenden Boss zu überbringen. Wir bewiesen unsere Integrationsfähigkeit, indem wir heftig handelten, und konnten den Preis auf 4000 US-Dollar senken. Auf jeden Fall waren wir froh, als wir morgens um fünf Uhr ohne sichtbare Schäden in unserem Hotel ankamen.

In der Unterwelt geht es natürlich weltweit etwas ruppiger zu. Doch in den folgenden Jahren stellte ich fest: Auch Verhandlungen mit vermeintlich seriösen Shanghaier Geschäftspartnern können unerwartete Wendungen nehmen. So sprachen wir mit dem damaligen Chef der Shanghaier Formel-1-Autorennen, Yu Zhifei, über die gemeinsame Herausgabe einer Formel-1-Zeitschrift.

Er hatte das Rennen nach Shanghai gebracht, posierte gern mit Michael Schumacher, hatte vorher den örtlichen Shenhua-Fußballklub geleitet und galt als Prototyp des erfolgreichen Shanghaier Geschäftsmanns. Wenn er das Restaurant betrat, verbeugten sich Lakaien und Kellner vor ihm, als sei er der Abgesandte des Kaisers persönlich. »Hockenheimring und Nürburgring sind Spielplätze im Vergleich zu dem, was wir hier aufbauen«, prahlte er. »Wenn ihr mit mir zusammenarbeitet, kommt außer euch keiner mehr an Schumacher ran«, versprach er. »Ich persönlich möchte nichts von euch bekommen, schließlich bin ich Angestellter des Staats – mir reicht, im Impressum erwähnt zu werden als Sponsor und Ehrenvorsitzender der Zeitschrift.« Aber bevor wir über weitere Details redeten, müssten wir erst einmal seine beiden anwesenden Mitabeiter bei uns einstellen, mit ordentlichem Gehalt, Büro, Laptop und Dienstwagen. Als mir das nicht ganz einleuchtete, waren sie sichtlich beleidigt. Inzwischen ist Yu Zhifei wegen Korruption zu vier Jahren Gefängnis verurteilt worden. Unter anderem hatte er sich beim Kauf einer privaten Villa aus der Kasse des Fußballklubs bedient.

Beim Geschäft verstehen Shanghaier keinen Spaß. Das fällt einem schon in alltäglichen Situationen auf, wenn man etwa bei einem Raubkopienhändler länger die DVDs durchschaut und am Ende doch keine kauft. Während das in Peking locker gesehen wird, kann es in Shanghai für den Verkäufer den Gesichtsverlust bedeuten. Er wendet sich dann mit versteinertem Blick ab.

Andere Chinesen sprechen von 小气 *xiaoqi*, wörtlich »kleine Luft«, das bedeutet, die Shanghaier seien geizig und kleinlich. Rufe ein Ertrinkender hier um Hilfe, würden die Beistehenden zunächst fragen: Was zahlst du? Das weisen die Shanghaier natürlich weit von sich, bestreiten aber nicht, dass Geld und Geschäfte für sie über alles gehen. Pekinger beschimpfen Shanghaier gern auch als 小市民 *xiaoshimin*, wörtlich »Kleinbürger«, die nur an das Materielle denken und deren Horizont beschränkt ist.

Was ich hier über das Verhalten der Shanghaier schreibe, klingt negativ, muss es aber nicht sein. Geschäftsverhandlungen mit einem Shanghaier können äußerst erfolgreich sein. Wenn er auf Ihrer Seite des Tisches sitzt sowieso. Geschäftsleute sagten mir aber auch: Es ist schwerer, mit Shanghaiern bei Geschäftsverhandlungen einig zu werden als mit Pekingern. Habe man aber den Deal geschlossen, könne man sich auf die Shanghaier meist verlassen, auf die Pekinger nicht unbedingt. Mehr noch als Chinesen anderswo sind Shanghaier Händler – internationale Händler. Das mag für viele Bewohner von Hafenstädten in anderen Ländern auch gelten. Und Shanghai zog 2004 an Rotterdam vorbei, ist seither der größte Hafen der Erde mit dem größten Güterumschlag.

Als ich mit meinem Büro nach Peking umzog, sehnte ich mich nach den Zeiten zurück, als noch Shanghaier die Computer und Telefonanlagen reparierten, schnell, kompetent und effizient. Ihnen geht es dabei nicht um Arbeiterehre, sondern unverblümt um das, was der Reformer Deng Xiaoping so ausgedrückt hat: »Reich werden ist ruhmreich!« Überall in China stieß er damit auf offene Ohren, aber für die Shanghaier traf er den Kern ihres Selbstverständnisses.

Den Reichtum zu zeigen, ist hier nichts Peinliches, sondern der Sinn des Lebens. Wozu Geld verdienen, wenn man es nicht auch ausgibt? Als ich Shanghaier Kolleginnen erzählte, dass Kaufhäuser und Läden in Deutschland am Sonntag geschlossen haben, waren sie entsetzt. Sie sorgten sich nicht darum, was Deutsche machen, wenn sie vergessen haben, Brot zu kaufen. Sie fragten sich: Wie verbringen die Leute dort am Sonntag ihre Freizeit?

Die Lieblingsbeschäftigung der Shanghaier am Sonntag: auf der 淮海路 *huaihai lu* (»Lu« heißt Straße) flanieren, dort shoppen und dabei die besten Klamotten vorführen, die man bereits besitzt. Shanghaier sind 时髦 *shimao*, modisch, und 优雅 *youya*, elegant. Mehr als sonst wo in China – und vor allem mehr als in Peking – kommt es in Shanghai darauf an, sich schick zu kleiden. Auch das hat hier Tradition. In den Dreißigerjahren des letzten Jahrhunderts galt Shanghai als »Paris des Ostens«.

Als ich in Shanghai lebte und oft nach Peking pendelte, kam mir das vor wie die Reise in ein großes Dorf oder in ein ärmeres Land, verglichen mit dem luxuriösen Shanghai. Doch die Einkommensunterschiede zwischen beiden Städten sind gering, nach einigen Statistiken führt sogar Peking. (Die offiziellen Zahlen sind nicht immer aussagekräftig, da viele Chinesen, vor allem Geschäftsleute und Freischaffende, keine oder nur wenig

Steuern bezahlen.) Der Eindruck entstand deshalb, weil Shanghaier mehr Wert auf das Äußere legen. Die jungen Frauen tragen Kleider von teuren Marken oder originelle, die sie in den vielen kleinen Boutiquen kaufen. Statt in Museen habe ich deutsche Besucher ins Parkson-Kaufhaus an der Huaihai-Straße geführt und bin mit ihnen dort die Rolltreppen hoch und runter gefahren, um die Kundinnen auf der Gegenrolltreppe zu beobachten. Alle meine Gäste waren fasziniert vom Modebewusstsein und Make-up der jungen Shanghaierinnen.

Ihre Pekinger Altersgenossinnen bevorzugen Jeans-Hot-Pants und einfache T-Shirts. Selbst bei Regierungsbeamten und Unternehmern der Hauptstadt sind Krawatten verpönt (was ich sehr angenehm finde). Viele Shanghaier Männer dagegen gehen im schicken Anzug ins Büro.

Wie ein Widerspruch erscheint da eine ungewöhnliche Shanghaier Gewohnheit, die woanders in China weniger oft zu finden ist: Einige Shanghaier gehen in ihren Wohnvierteln im 睡衣 *shuiyi*, dem Schlafanzug auf die Straße, sitzen so auf Hockern vor ihrem Haus oder spazieren. Einheimische erklären das so: Zum einen wird die gute Kleidung geschont, um damit in den Einkaufspromenaden der Innenstadt shoppen zu gehen. Zum anderen sind auch die Schlafanzüge selbst ein Zeichen von neuem Wohlstand: Früher konnte man sich keinen leisten und ging in Unterwäsche ins Bett. Was aber hat man von einem schönen Schlafanzug, wenn ihn gar niemand sieht?

Ausländerfreundliche Fremdenfeinde

Die vielen Ausländer, die früher in Shanghai lebten, zogen Chinesen an, die gern so sein wollten wie Europäer oder Amerikaner. Oder diese mochten. Oder wenigstens mit ihnen Geschäfte machen wollten. Das scheinen die Shanghaier mit ihren Genen von Generation zu Generation weiterzugeben. Auch heute fühlt man sich als Westler in Shanghai schneller zu Hause als woanders in China.

»Die Shanghaier beten die Ausländer an!«, werfen ihnen andere Chinesen vor. »Wir haben ein natürliches Verhältnis zu ihnen«, entgegnen die Shanghaier. Da ist etwas dran. Woanders in China, gelegentlich auch in Peking, kann man erleben, dass Einheimische verunsichert sind, wenn sie von einem Ausländer angesprochen werden. Oder sie bitten ihn, für ein gemeinsames Foto zu posieren, um später Beweise für das Zusammentreffen mit dem Marsmenschen vorzeigen zu können. Zumindest aber weisen sie ihre Kinder lautstark darauf hin, dass es sich hier um einen 老外 *laowai* handelt, wörtlich einen »Alten von draußen«. Was nett gemeint ist, aber Distanz ausdrückt.

All das begegnet einem in Shanghai kaum. In vielerlei Hinsicht lebt man hier als Europäer bequem. Wenn wir mit unserer gemischt aussehenden kleinen Tochter ins Restaurant gingen, mussten wir uns nicht mehr um sie kümmern. Ein halbes Dutzend Kellnerinnen spielte mit ihr, trug sie herum und zeigte ihr die zum Verzehr bestimmten Fische im Aquarium, bis wir mit dem Essen fertig waren. So etwas passiert auch in Peking, die ausländischen Kinder gefallen auch den Leuten dort, aber sie sind deutlich zurückhaltender: Die Angst vor ablehnenden Reaktionen der anders aussehenden Eltern hält viele davon ab, offen auf sie zuzugehen.

In Shanghai wiederum kann es auch zu viel des Guten sein. Gingen wir zusammen ins Kaufhaus, wurden wir immer von mehreren Verkäuferinnen zuvorkommend beraten. Sie gratulierten meiner Frau dazu, einen ausländischen Ehemann gefunden zu haben. Undenkbar woanders in China, wo das bestenfalls neutral aufgenommen wird. Eine schweigende Mehrheit findet dort weiterhin Liebesbeziehungen zwischen Chinesen und Ausländern so unnatürlich wie Elefanten, die sich mit Affen einlassen – eine Spätfolge des Aberglaubens von der Einzigartigkeit der Kultur des »Reichs der Mitte«.

In Shanghai denkt kaum einer so. Die Kehrseite: War meine Frau allein unterwegs, wurde sie unfreundlich abgefertigt. Grund: Sie ist Chinesin aus einem anderen Landesteil. Viele Shanghaier sind überzeugt, ihre Stadt sei die modernste, fortgeschrittenste und vor allem zivilisierteste in China. Auf Menschen aus anderen Teilen der Volksrepublik schauen sie herab. Die Einwohner der Metropole gelten als 排外 *paiwai*, ablehnend gegenüber Fremden – solange diese Fremden Chinesen und keine Ausländer sind.

Wie Sie sehen, beruht dieses Verhältnis auf Gegenseitigkeit: Chinesen mögen Shanghaier nicht (es sei denn, sie sind selbst welche). Und Shanghaier halten nicht viel von den (anderen) Chinesen.

Besonders hart prallen Urteile und Vorurteile aufeinander, wenn es um die Shanghaierinnen geht. Nach Ansicht der meisten Chinesen ist es neben einem schweren Unfall das schlimmste Unglück, das einem Mann widerfahren kann: eine Frau aus Shanghai zu heiraten. »Vor der Hochzeit schnurren sie wie die Kätzchen, aber nach der Hochzeit brüllen sie wie ein Tiger«, heißt es. In Shanghai, so das Klischee, sei Hausarbeit nicht gleichmäßig aufgeteilt. Einkaufen, Kochen, alles sei Männersache. Bei Fürsprechern Shanghais hört sich das so an: Während Peking die von Männern dominierte bürokratische Stadt ist, wird Shanghais Wirtschaft von Frauen getragen.

Für mich klingt das nach an den Haaren herbeigezogenen oder zumindest zweckentfremdeten Argumenten in einem endlosen lokalpatriotischen Krieg: Ich habe sowohl in Shanghai als auch in Peking engagierte, emanzipierte Frauen getroffen.

Shanghainesisch

Shanghaier merken sofort, ob ein anderer Chinese zu ihnen gehört oder nicht – an der Sprache. Sie sprechen 上海话 *shanghaihua*, wörtlich »Shanghai-Sprache«. Gelegentlich wird sie als Shanghai-Dialekt bezeichnet, doch »Dialekt« erweckt den Eindruck, Sprecher verschiedener Dialekte könnten sich untereinander weitgehend verstehen, wie Bayern und Schwaben. Das ist bei den verschiedenen chinesischen Sprachen nicht der Fall, und schon gar nicht bei Shanghainesisch. Sprachforscher sagen, der Unterschied zwischen Mandarin und Shanghainesisch sei deutlich größer als der zwischen Französisch und Italienisch. Den Sinn erschließen können allenfalls Bewohner von einigen umliegenden Orten, die zwar andere Dialekte sprechen, aber wenigstens ähnliche.

Dieser Umstand unterscheidet Shanghai von Peking, dessen Dialekt weitgehend dem hochchinesischen Mandarin entspricht. »Außerörtliche Menschen« sind dort manchmal am Akzent zu erkennen, aber nicht immer und nicht eindeutig.

Natürlich beherrscht fast jeder Shanghaier Mandarin, es ist die offizielle Sprache auch in dieser Stadt. Der Schullehrer unterrichtet in Mandarin, der Uniprofessor doziert in der Hochsprache. In der werden auch die Nachrichten im Shanghaier Fernsehen verlesen. Dort liefen einmal Werbespots in Shanghainesisch, sie wurden aber sofort verboten, ebenso die lokalsprachliche Version des Cartoons »Tom und Jerry«.

Die Zentralregierung fürchtet, die Pflege der Dialekte gefährde die Einheit Chinas. Besonders in einer reichen Metropole wie Shanghai möchte man auf keinen Fall Wünsche nach Unabhängigkeit aufkommen lassen. In Shanghai steht deshalb auf Plakattafeln: »Sei ein moderner Shanghaier, sprich Mandarin.« Man stelle sich in Bayern den Aufruf vor: »Sei ein moderner Bayer, sprich Hochdeutsch.« Diese Werbung ist in Shanghai ebenfalls nicht sehr erfolgreich. Auch in Büros und Kaufhäusern sollte Hochchinesisch gesprochen werden. Shanghaier versuchen es trotzdem zuerst in ihrer eigenen Sprache – und machen damit sofort aus, wer zur Ingroup gehört und wer nicht.

Shanghainesisch gehört zu den Wu-Sprachen, die auch in den ostchinesischen Provinzen Zhejiang, Jiangsu und Anhui gesprochen werden, hat aber nichts gemein mit Kantonesisch, der Sprache von Guangdong, Hongkong und Macau weiter im Süden. Dessen Laute sind aus dem Cantopop bekannt, während Shanghainesisch eher selten gesungen wird. Das liegt wohl daran, dass Shanghainesisch relativ hässlich klingt (Protestbriefe von Muttersprachlern gegen diese subjektive Meinung bitte an den Verlag), was darauf zurückzuführen sein mag, dass es sehr reich an Konsonanten ist. Gute Nachricht für die, die Shanghainesisch lernen wollen: Es gibt nur zwei ausgeprägte Töne (fallend und steigend), gegenüber vier im Mandarin und neun beispielsweise im kantonesischen Dialekt. Pragmatiker seien aber darauf hingewiesen, dass man als Ausländer in Shanghai auch dann völlig akzeptiert wird, wenn man Hochchinesisch spricht – und dass diese Sprache nicht nur in einer Stadt verstanden wird, sondern von einem Sechstel der Erdbevölkerung.

Mit Shanghainesisch kommen Sie auch in China nicht weit – wie der folgende Vergleich von einigen Wörtern und Sätzen in Mandarin und in der Shanghai-Sprache zeigt:

Entschuldigung	dui bu qi	dei ve qi
Danke	xiexie	xiaya
Hallo	ni hao	nong hao
Auf Wiedersehen	zai jian	zei wei
Was kostet das?	duoshao qian?	ji di a?
Zu teuer!	tai gui le	ta ju le
Geht's auch billiger?	pianyi yidian, hao bu hao	bini ngye, hao vu la?

Ok	keyi	kuyi
Magst du Shanghai?	ni xihuan Shanghai ma?	nong huixi Sanghei va?
Hast du gegessen?	Ni chiguole ma?	nong qi gule va?
Ich	wo	ngu
Wir	women	ala
Du*	ni	nong
Ihr**	nimen	na
Er/sie/es***	ta	yi
Sie (3. Pers. Pl.)	tamen	yila
Ich liebe dich	wo ai ni	ngu ei nong

* Die Anrede »Sie«, in Mandarin »nin« (Einzahl), wird im Alltag selten gebraucht.
** Eine Anrede »Sie« in der Mehrzahl gibt es im Chinesischen nicht.
*** Richtig, wird alles drei gleich ausgesprochen (wenn auch verschieden geschrieben) – so einfach, aber im Zweifel verwirrend, ist Chinesisch!

152

Zwei Seiten eines Flusses: Puxi und Pudong am Huangpu

Wie man in Köln auf der richtigen und auf der falschen Rheinseite wohnen kann, so war Shanghai früher klar aufgeteilt: In die glitzernde Weltmetropole 浦西 Puxi, wörtlich »westlich des Huangpu«-Flusses, und in die Dörfer und Reisfelder 浦东 Pudong, östlich des Huangpu.

Als armer Junge im Osten wurde 1887 Du Yuesheng geboren. Eine Zukunft für ihn gab es natürlich nur im Westen. Er hatte nichts gelernt, strotzte aber trotz seiner hageren Gestalt von Kraft. So schlug er sich mit dem durchs Leben, was man damals als junger Kerl in Shanghai so trieb: Ein paar Raubüberfälle, ein bisschen Erpressung, schließlich fand er einige Mädchen, die für ihn auf den Strich gingen. Um zu begreifen, wie spektakulär seine Shanghaier Karriere verlief, muss man lesen, was einige Jahre später im »Who's Who« über ihn stand:

153

»Ging in jungen Jahren ins Business. Derzeit einfluss-
reichster Bürger, Französische Konzession, Shanghai.
Bekannt für seinen Einsatz für die öffentliche Wohlfahrt.
Mitglied des französischen Stadtrats. Präsident der
Chung-Wai-Bank und der Tung-Wai-Bank. Gründer
und Vorsitzender des Direktorenausschusses der Cheng-
Shih-Mittelschule. Präsident des Shanghaier Notfall-
Hospitals. Mitglied des Aufsichtsrats der Handelskammer.
Geschäftsführender Direktor der Hua-Feng-Papier-
mühle, Hangchow. Direktor der Kommerziellen Bank
Chinas, der Kiangsu- und Chekiang-Bank, der Gro-
ßen China-Universität, der Chinesischen Baumwoll-
börse und des China-Handels-Dampfschifffahrtsunter-
nehmens, Shanghai. Präsident des Jen-Chi-Hospitals in
Ningbo.« Um sich die Aufzählung der vielen Titel zu
ersparen, sprach der Volksmund von ihm mit einem etwas kürzeren Namen: Der Pate von Shanghai.

Die aus England stammenden Schriftsteller Wystan
Hugh Auden und Christopher Isherwood interviewten
ihn 1938 für ihr Buch »Journey to a War«. Sie beschrie-
ben ihn so: »Er war groß von Statur und dünn, mit
einem Gesicht, das aus Stein gehauen zu sein schien,
eine chinesische Version der Sphinx. Merkwürdig und
unerklärbar erschreckend waren seine Füße, in ihren
Seidensocken und elegant zugespitzten Stiefeln, die unter seinem (traditionellen chinesischen) Seidenkleid
zum Vorschein kamen. Vielleicht würde auch die Sphinx
noch furchterregender aussehen, wenn sie einen modernen (westlichen) Hut tragen würde.« Bei dem Gespräch standen Bodyguards hinter dem Befragten. Am

Eingang seiner Villa waren Gewehre und Maschinenpistolen zu Pyramiden aufgebaut.

Zwischen den bescheidenen Anfängen und dem raketenhaften Aufstieg lag Du Yueshengs Eintritt in die Grüne Bande, eine der führenden Triaden. So hießen die Geheimbünde, die ursprünglich politische Ziele hatten, inzwischen aber zur chinesischen Form der Mafia verkommen waren. Mit, wie soll man sagen, solider Handarbeit kletterte Du in den Rängen der Organisation aufwärts und wurde schließlich ihr Anführer. Vor allem entwickelte er 关系 *guanxi*, »Beziehungen«. Die sind in China immer wichtig. Aber im Shanghai von damals entschieden sie über Leben und Tod. Zunächst vereinigte er die verschiedenen Triaden zu einem Kartell und hatte nun zwei Hauptgeschäftszweige unter Kontrolle, die Opiumhöhlen und die Bordelle. Dann schloss er mit dem Polizeichef der französischen Konzession einen Deal zum gegenseitigen Vorteil ab: Er verkaufte exklusiv das Opium, das ihm die Franzosen lieferten. Dafür durfte er im französischen Gebiet der Stadt ein Warenhaus für Rauschgifte einrichten und 20 Verkaufsstellen betreiben. Die Polizei verfolgte alle anderen Drogenhändler, verschonte aber seine.

Auch die Stadträte der Internationalen Niederlassung von Engländern und Amerikanern gingen bei ihm ein und aus – besonders in seinem »Happy Times Block« in der Fuzhou-Straße, wo sie von den geschicktesten und charmantesten Huren der Stadt verwöhnt wurden. Nützlicher Nebeneffekt: Der Pate wusste alles über die hohen Herren.

Bald ging er selbst in die Politik. Der Führer der nationalistischen Guomindang-Partei, Chiang Kai-shek, wollte in Shanghai seine kommunistischen Gegenspieler ausschalten, sich selbst aber nicht die Hände schmutzig machen. So öffnete er sein Waffenlager für die Gangster Du Yueshengs. Am 12. April 1927 begannen diese ein Massaker gegen Kommunisten und streikende Arbeiter. Sie ermordeten 5000 Menschen. Zur Belohnung wurde Du Yuesheng zum stellvertretenden Gouverneur von Shanghai ernannt.

Er verstand es, legale und illegale Geschäfte miteinander zu verbinden. So ließ er einige seiner »Freunde«, führende Geschäftsleute, entführen. Da niemand wusste, dass er dahintersteckte, bot er sich als »Vermittler« an und handelte mit sich selbst horrende Lösegelder aus, die er dann bei den Angehörigen einkassierte, zuzüglich 50 Prozent Servicegebühr für seine »Hilfe«. Wer nicht zahlen konnte, dem gewährte er Darlehen gegen Zinsen. So begann sein Einstieg ins Bankgewerbe ... Er liebte große Gesten, posierte mit mehreren Mädchen im Arm, schickte seinen Gegnern Särge nach Hause. Auch war er abergläubisch, wie viele in China. Auf der Rückseite seines langen chinesischen Seidenkleids baumelten getrocknete Köpfe von toten Affen. Ein Wahrsager hatte ihm prophezeit, die Affen würden ihn schützen, mit ihnen würde es ihm gelingen, eines Tages friedlich in seinem Bett zu sterben. Und sie behielten recht! Er überlebte Racheakte, Bandenkriege und die Invasion der Japaner, rettete sich vor den Kommunisten nach Hongkong. Dort entschlief er friedlich 1951 im Alter von 64 Jahren.

In Shanghai hatte er in einem hochherrschaftlichen Wohnhaus in der Donghu-Straße gewohnt, das inzwischen zum Donghu Hotel geworden ist, unweit der erwähnten Huaihai Lu, auf der die Shanghaier heute in ihren schicken Kleidern spazieren. Die modernste Straße damals war die Nanjing Lu, in diesem Buch bereits als ein Ort von Geschäften aller Art genannt. Heute pilgern vor allem in- und ausländische Touristen hierher und kaufen Seidenkleider. Sie sollten die Straße aber unbedingt begehen, schon allein deshalb, weil sich dort zu jeder Tages- und Nachtzeit so viele Menschen drängen, als sei gerade ein Fußballspiel zu Ende. Danach werden Sie verstehen, warum mich eine Shanghaier Kollegin, die ich auf einer Dienstreise nach Deutschland begleitete, in München fragte: Warum leben in dieser Stadt keine Menschen?

An der Nanjing Lu liegt auch ein Hotel, in dem der Pate oft verkehrte und das weitaus berühmter ist als das Donghu: das Peace Hotel. Es wurde 1932 gegründet von Sir Ellice Victor Sassoon, einem Playboy und Enkel des sephardischen Juden Elias Sassoon, der mit dem Opiumhandel ein Vermögen angehäuft hatte. In den Ballräumen des Hotels schmiss Sassoon junior die wildesten Partys, und dieser Superlativ hatte etwas zu bedeuten in dieser Stadt der Superlative. Auf den Marmortreppen stiegen die Gäste dann in wechselnden Paarungen in die mit rotem Samt ausgeschlagenen Zimmer. Bei ihren Angriffen auf Shanghai verschonten die Japaner die internationalen Gebiete weitgehend. Deshalb tranken die ausländischen Geschäftsleute mit ihren einheimischen Partnern à la Du Yuesheng Champagner auf der Dachterrasse, um von hier aus die Bombenabwürfe zu beobachten.

Bei einem Bankett im Peace Hotel 1939 saß der Pate von Shanghai neben Chiang Ching-kuo, dem damaligen Bürgermeister der Stadt. Der war Sohn des Guomindang-Führers Chiang Kai-shek und folgte ihm Jahrzehnte später als Präsident von Taiwan nach. Charlie Chaplin übernachtete hier. Noel Coward schrieb in einer der Suiten »Private Lives«. Und Vicki Baum war von ihrem Besuch so angetan, dass sie gleich einen Weltbestseller darüber verfasste, »Hotel Shanghai«.

Wenn Sie heute das Peace Hotel durch seine Drehtür betreten, fühlen Sie sich, als habe Sie eine Zeitrakete den ultramodernen Lobbys von Shanghais Grand Hyatt und Four Seasons entrissen und sieben Jahrzehnte zurückgeschleudert: Die Pagen sehen aus wie in einem alten Film. Die Uhren, die Zeiten von Weltstädten wie New York und Paris anzeigen, wirken wie stehen geblieben. Es riecht so, als sei seit den Dreißigerjahren nicht mehr gelüftet worden. (Derzeit wird renoviert, ich hoffe, dass dies den Flair des Peace Hotels nicht zerstört.)

Und in der Bar spielt die Old Jazz Band die Musik, die damals populär war, von »Summertime« über »In the Mood« bis zu ganz Unjazzigem wie »Auld Lang Syne« (im deutschsprachigen Raum mit dem Text »Nehmt Abschied, Brüder, ungewiss« bekannt, die englische Urversion ist auf jeder Silvesterparty in Hollywood-Filmen zu hören). Trompeter, Saxofonist und Schlagzeuger haben gefühlt schon damals für die Gangsterbosse gespielt. Zwar waren sie selbst mit ihrem Durchschnittsalter von 80 in jener Zeit noch Kinder. Tatsächlich wurden aber einige von ihnen wegen ihrer Liebe zu Klassik und westlicher Musik während der Kulturrevolution aufs Land verbannt. Erst seit 1980 dürfen sie wieder hier auftreten.

Übrigens kamen drei Mitglieder der berüchtigten 四人帮 *sirenbang*, »Viererbande«, die gemeinsam mit Mao die Kulturrevolution 1966–76 anzettelte, aus Shanghai: Der ehemalige Schriftsteller Zhang Chunqiao, der Literaturkritiker Yao Wenyuan und vor allem Maos Ehefrau Jiang Qing, die zwar in der Shandong-Provinz geboren ist, aber in den Dreißigerjahren in Shanghai als Schauspielerin zu mittlerem Promistatus gelangt war, bevor sie sich den Kommunisten anschloss. Offenbar ist Shanghai eine Stadt für neue Ideen aller Art, nicht nur für Geschäftsideen.

Als Maos Bauernsoldaten 1949 auch das Peace Hotel »befreiten«, entdeckten sie Keramikeinrichtungen in den Badezimmern. Sie nutzten die ihnen unbekannten Toiletten, um Reis zu lagern. Zu Problemen kam es, als einige der Befreier aus Versehen auf die Spülung drückten.

Die Revolution rächte sich an der »bourgeoisen Dekadenz« Shanghais. Sie saugte die Metropole aus, beschlagnahmte alles, was hier an Überschüssen erwirtschaftet wurde, und lieferte es in andere Landesteile. Die Gebäude verfielen. Es wurde weder renoviert noch investiert. Das sollte sich erst in den Achtziger- und Neunzigerjahren ändern – dann aber gründlich. Parteipatriarch und Reformer Deng Xiaoping unternahm 1992 seine legendäre Reise in den Süden, die ihn zum chinesischen Neujahr auch nach Shanghai führte. Die Idee: Den Geschäftsgeist von Shanghainesen und anderen Südchinesen freisetzen und ihn für die wirtschaftliche Stärkung des Reichs nutzen, entsprechend Dengs Motto: »Egal, ob eine Katze schwarz ist oder weiß, Hauptsache, sie fängt Mäuse.«

Das Ergebnis ist überwältigend. Heute verbinden sich in Puxi, westlich des Huangpu-Flusses, renovierte alte Gebäude, französische Villen, Giebel wie in Amsterdam oder Art-déco-Hochhäuser im Stil von New York auf harmonische Weise mit originell designten Wolkenkratzern von heute. Obwohl in Shanghai mehr Menschen leben als in den Niederlanden, lassen sich weite Teile des Kerns von Puxi zu Fuß erschließen. So können Sie von der Huaihai Lu über den Volksplatz auf die Nanjing Lu gelangen und auf dieser zum Peace Hotel gehen.

Den Kulturschock aber erleben Sie im Auto, das heißt im Shanghaier Normalfall im Taxi. Sollten Sie jemals geglaubt haben, beim Frankfurter Bankenviertel oder dem Potsdamer Platz in Berlin handele es sich um moderne und protzige Gegenden, empfehle ich Ihnen folgende Fahrtroute: Sie fahren nachts aus Westen in Richtung Huangpu-Fluss, nehmen die Stadtautobahn 延安路 *yan'an lu*, die sich auf stelzenartigen Betonpfeilern über die verwinkelten kleinen Straßen im europäischen Stil erhebt und in nordpoleisblauem Neonlicht leuchtet. Wenn Sie den Huangpu erreichen, fahren Sie ab auf den 外滩 *waitan*, wörtlich Außenküste, Shanghais im Westen als Bund bekannte Uferpromenade. Neben dem Peace Hotel sehen Sie die Banken und Handelshäuser aus den Zeiten, als der Hauptzuhälter Du Yuesheng auch die Finanzgeschäfte führte, renoviert in ihrer alten Pracht, mit ihren wuchtigen Säulen aus Marmor, ihren Kuppeln und Skulpturen, in Stilen vom Barock über Neo-Klassik bis zu Chicago-Tudor, angestrahlt von Licht wie aus tausend Sonnen. Und dann werfen Sie den Blick über den Huangpu nach Osten, nach Pudong, wo einst Reisfelder lagen und das Dorf, aus dem Du Yuesheng stammte. Innerhalb von weniger als zwei Jahrzehnten hat sich eine Skyline entwickelt von Manhattan'schen Ausmaßen. Nur sind die Gebäude hier höher als dort.

Buchstäblich aus dem Boden geschossen ist ein Wald aus Wolkenkratzern, zu dem neben vielen anderen gehören:

– Der 东方明珠广播电视台 *dongfang mingzhu guangbo dianshitai*, der »Perle des Orients«-Fernsehturm mit seinen pinkfarbenen futuristischen Glas- und Betonkugeln. Seine 468 Meter machen ihn zum höchsten Fernsehturm Asiens. Die Shanghaier Schriftstellerin Wei Hui, über die ich gleich mehr erzähle, bezeichnet ihn als »stählernen, gen Himmel ragenden Penis«, und tatsächlich hat der Wettlauf um die längsten Fortsätze des Stadtbodens etwas mit Machogehabe zu tun.

– 金茂大厦 *jinmao dasha*, das »goldene prachtvolle Gebäude«, zu dem ein Bürotrakt und das Grand Hyatt Hotel gehören, mit 421 Metern das höchste Hotel der Erde. Das Gebäude streckt sich über 88 Etagen nach oben. Zur Hotelrezeption muss man mit dem

Lift in die 54. fahren. Von den runden Wandelgängen oben hat man einen gigantischen Blick in das Atrium mit Harfenspielerin, Zigarren und Cognac auf der 56. Etage.

– Es wurde als höchstes Haus in der Volksrepublik China 2008 abgelöst vom 491 Meter hohen Shanghai World Financial Center.

– Das wird seinen Titel aber auch nicht lange behaupten, denn 2010 soll das Shanghai Center fertig werden, 580 Meter hoch, natürlich ebenfalls in Pudong.

Das ist aus dem Sumpfgebiet geworden, in dem der Gangsterkaiser DuYuesheng aufgewachsen ist. Die Kommunisten, die er bekämpfte, wollten das verdorbene Shanghai, für das er stand, in eine sozialistische Musterstadt verwandeln. Doch jetzt sieht es manchmal danach aus: Nicht sie haben Shanghai verändert, sondern Shanghai sie.

Im August 2006 schickte Chinas zentrale Parteiführung einhundert Ermittler nach Shanghai, die konspirativ im Hengshan Moller Villa Hotel Quartier bezogen, das für diesen Zweck »zur Renovierung geschlossen« wurde. Einen Monat später wurde Chen Liangyu entmachtet, Vorsitzender der Kommunistischen Partei in Shanghai und Mitglied des zentralen Politbüros. Im chinesischen politischen System steht der städtische KP-Chef über dem Bürgermeister. Im Juli 2007 wurde er von der Polizei verhaftet, im April 2008 zu 18 Jahren Gefängnis verurteilt.

Was war passiert? Er hatte Gelder aus dem städtischen Pensionsfonds veruntreut, in den die Versicherten umgerechnet eine Milliarde Euro eingezahlt hatten. Davon ließ er etwa eine Autobahn zwischen Shanghai und der Stadt Hangzhou bauen, für die mit ihm befreundete Geschäftsleute überhöhte Preise kassierten – und mit ihm teilten. Er nahm Bestechungsgelder in Höhe von 270 000 Euro an, vor allem für Bauprojekte. Seine Macht missbrauchte er, etwa um die Börse zu manipulieren. Er »förderte die wirtschaftlichen Interessen illegaler Unternehmer«, so die Anklage weiter. Auf seine Direktive hin verkaufte die Stadt Shanghai seinem Bruder große Landflächen, die dieser dann für den zehnfachen Preis weiterverkaufte. Obwohl Funktionäre in China offiziell nur ein vergleichsweise geringes Gehalt beziehen, fanden sich auf den Bankkonten des Shanghaier Kommunistenführers 65 Millionen Euro. Er hielt sich elf Mätressen, von denen manche in Villen wohnten, die ihm ein Immobilienhai zur Verfügung stellte. Zudem trieb er es mit Hotelmitarbeiterinnen, die er mit Positionen in der Stadtverwaltung belohnte.

Erinnert ein bisschen an den Paten von Shanghai. Auch andere kommunistische Funktionäre in China sind korrupt. Öffentlich angeprangert und bestraft werden ihre Vergehen aber erst dann, wenn sie in Ungnade gefallen sind. Der Parteichef von Shanghai war als ein Konkurrent zu Chinas Staats- und Parteichef Hu Jintao gesehen worden. Auch soll er gefordert haben, neben dem »Marxismus als dem führenden wissenschaftlichen Prinzip«, wie es in der Volksrepublik heißt, auch andere Ergebnisse von Gesellschaftswissenschaften zu nutzen.

Die Korruption ist nicht auf Shanghai beschränkt. 1995 wurde der Parteichef der Stadt Peking, Chen Xitong, zu 16 Jahren Haft verurteilt – für ähnliche Delikte wie später sein Shanghaier Amtskollege. 2006 verlor Pekings stellvertretender Bürgermeister, Liu Zhihua, seinen Posten. Er war für den Bau der Olympiastätten verantwortlich und dabei von beteiligten Unternehmen bestochen worden. Den Bau des olympischen Tennisplatzes, des Hockey-Stadions und des Schießplatzes der Bogenschützen wollte er der Firma seiner Geliebten zuschanzen. Er hielt sich weitere Konkubinen und vergnügte sich mit ihnen außerhalb Pekings in einem »Luxus-Palast«, so die chinesische Presse, den er für diesen Zweck errichten ließ. Seine Skandale flogen auf, als eine der Damen sich und ihn eine Stunde beim Sex filmte und das Band den Behörden übergab. Er war Gefälligkeiten nicht nachgekommen, die er ihr versprochen hatte. Die chinesische Nachrichtenagentur Xinhua schrieb: »Er lebte ein dekadentes Leben.« Im Oktober 2008 wurde er wegen Korruption zum Tode verurteilt.

Ort der unzähligen Vergnügen

Der Video-Kameramann der Firma »Moderne Vermählung« baut im Schlafzimmer Scheinwerfer auf. Sein Assistent versteckt Luftballons unter der Bettdecke, »damit es richtig knallt, wenn die beiden zur Sache gehen«. Die Großmutter der Braut prüft das Leintuch. Um 21 Uhr verlässt sie das Schlafzimmer – in der Hochzeitsnacht sollen die Jungen unter sich bleiben. Als die Shanghaierin Yao mit ihrem frisch angetrauten Mann Lou ins Bett geht, ist nur noch ein intimer Kreis von 30 Personen dabei: Freunde, Studien- und Arbeitskollegen.

Während sich Lou auf Yao auf- und abbewegt, singen die Hochzeitsgäste ein Revolutionslied: »Wir arbeiten Tag und Nacht. Unsere Gesichter werden rot! Warum nur? Alles für die Befreiung!« Die Freunde binden Bräutigam Lou eine Banane vor das Glied, die Braut muss sie essen, ohne dabei ihre Hände zu benutzen. Alle grölen bei dem imitierten Blowjob. Die Digitalkameras blitzen.

Dann kommt der Bräutigam dran. Über seinem Po ist ein Kugelschreiber an den Gürtel gebunden, er soll ihn in eine Tasse stecken. Da er sie nicht sieht, muss er sich auf die Einflüsterungen seiner frisch angetrauten Frau verlassen. »Ist er drinnen? Ist er schon drinnen?«, fragt er verzweifelt. Sie haucht: »Tiefer! Höher! Ein bisschen nach links!«

Solche Spielchen heißen 闹洞房 *naodongfang*, wörtlich »lärmende Brautkammer«. Während sich die beiden unter der Decke entkleiden, werfen die Hochzeitsgäste Erdnüsse. Sie landen in ihrem Auge und in seiner Nase. Zwischen den Bettdecken sind Datteln, 枣 *zao*, und weitere Erdnüsse, 花生 *huasheng*, versteckt, außerdem getrocknete Longane, 桂圆 *guiyuan*, und Melonenkerne, 瓜子 *guazi*, weil Schriftzeichen aus diesen vier Wörtern gemeinsam so ausgesprochen werden wie 早生贵子 *zao sheng guizi*, »früh ein Kind gebären« – eine dezente Aufforderung an das Paar.

Große Hochzeitsgelage gab es in China schon zu Kaisers Zeiten. Unter Mao waren sie verboten. Es sollte einfach und bescheiden zugehen, ein kurzer Gang zum Standesamt, ein kleiner Umtrunk, dann wieder zurück an die Werkbank oder zum Aufmarsch der Roten Garden. Heute werden Hochzeiten überall in China wieder bombastisch gefeiert wie die von Yao und Lou. Wie sie wechseln auch in Peking Bräute und Bräutigame während ihrer Party mehrmals die Kleider, von westlichem Weiß und Schwarz zu traditionellen chinesischen roten

Jacken und hochgeschlitzten Qipaos, beide aus Seide. Professionelle Studios fotografieren oft schon Monate vor der Feier die Bilder, die dann auf Plakattafeln aufgezogen werden und in Alben zu bestaunen sind.

Bei meiner Frau und mir war auch das genau umgekehrt: Da wir wegen der komplizierten internationalen Heiratsbürokratie auf der Durchreise von Peking nach New York im Schwarzwald zum Standesamt gingen, entstanden unsere obligatorischen Hochzeitsfotos anschließend in der Chinatown von Manhattan.

Bei den meisten Hochzeitspartys in chinesischen Städten führt ein professioneller Talkmaster durch das Programm. Je mehr Gäste, desto besser für das Gesicht, das Ansehen der Familie. Oft sind es Hunderte, die kommen. Aber nirgendwo wird so exzessiv gefeiert wie in Shanghai. Bezeichnend: Pekinger laden meist zum Mittagsmahl, Shanghaier schlemmen und begießen die neue Ehe abends – auch wegen der »lärmenden Brautkammer«. In Peking sind diese ausgiebigen und hochintimen Spielchen nicht mehr gebräuchlich. In beiden Städten liegen übrigens die standesamtliche Registrierung der Ehe und die Hochzeitsfeier meist Monate, manchmal sogar Jahre auseinander. Die Feier will gut vorbereitet sein.

Überall in China lebten die jungen Leute nach der Hochzeit traditionell in der Wohnung der Eltern des Mannes, weshalb hier selten alte Menschen ins Altersheim abgeschoben werden. Mit zunehmendem Wohlstand und größerem Wunsch nach Individualität leisten sich aber immer mehr junge Paare eine eigene Wohnung, vor allem dann, wenn sie nach Shanghai oder Peking eingewandert sind und die Eltern in einer anderen Stadt leben. In diesem Fall ziehen die Großeltern oft zur jungen Familie, wenn sie ein Kind geboren hat, um im Haushalt und beim Erziehen mitzuhelfen. Das mag sich aus deutscher Sicht wie Horror anhören. Ich habe jedoch mit meiner Schwiegermutter im Haus nur gute Erfahrungen gemacht. Dieser ungeschriebene Generationenvertrag führt in Shanghai und Peking auch dazu, dass die Frauen drei oder vier Monate nach der Geburt wieder arbeiten können. Die Großeltern hätscheln die Enkel und ziehen sie aus Angst vor Erkältungen etwas zu warm an, beklagen sich aber niemals über die ihnen übertragenen Lasten, wie das deutsche Opas und Omas gelegentlich tun. Gewöhnungsbedürftig sind die gelegentlichen Streitereien zwischen chinesischen Erwachsenen und ihren Eltern, etwa wenn die Jungen nach Meinung der Alten nicht genügend Respekt zeigen. Die beleidigte Partei schließt sich manchmal einen Tag lang weinend im Zimmer ein. Früheres Versöhnen würde als Niederlage gewertet und damit als Gesichtsverlust.

Die für das Gesicht ebenso wichtigen Hochzeitsgelage werden von den Gästen bezahlt, manchmal machen die Brautpaare sogar einen Profit: Als Geschenk bringt jeder Eingeladene einen 红包 *hongbao* mit, wörtlich ein »rotes Bündel«, einen roten Umschlag mit Geldscheinen drin. In China und noch mehr in Shanghai dreht sich alles ums Geld, auch bei der Hochzeit. Damit spielt man schon zu Beginn des feierreichen Tages, wenn der Bräutigam die Braut in ihrem Elternhaus abholt, nach

168

alter Sitte (obwohl viele Chinesen heute natürlich schon vor der Hochzeit zusammenleben, wie auch dieses Shanghaier Paar). Als Lou bei Yao klingeln will, versperren die Brautjungfern den Eingang und rufen im Chor: »Zahlen! Zahlen!« Er übergibt einen *hongbao*, sie entgegnen: »Reicht nicht! Reicht nicht!« Erst als er mehr herausrückt, wird er in die Wohnung eingelassen – aber nur ins Vorzimmer. Er möchte zu seiner Frau, die Brautjungfern stoßen ihn weg und rufen: »Zahlen! Zahlen!«

Wie hier fragt man sich in Shanghai oft, was das Alte ist und was das Neue. »Verfall der Moral«, »verlorene Ehre« und »Schmutz«, wetterten Bürger im Internet gegen den frisch eröffneten Tanzklub Paramount. Sie glaubten zu kennen, wogegen sie protestierten. Denn das Paramount gab es schon einmal – in den Dreißiger- und Vierzigerjahren des vorigen Jahrhunderts. Heute wie damals führen Taxi-Tänzerinnen für Geld den Gast übers Parkett. Und gegen ein hohes Trinkgeld auch woandershin?

Sophia Qiu, eine Managerin des Klubs heute, schwärmt: »Wir wollen den ursprünglichen Ruhm des Paramount wiederherstellen.« Man kann auch Ruch sagen. Im alten Shanghai galt Taxi-Tänzerin als einer »der neun miserabelsten Berufe«. Konkubinen, die es bei ihren »Wohltätern« nicht mehr aushielten, flüchteten sich in die Tanzpaläste, dort konnten sie ihre Dienste wenigstens selbstbestimmt verkaufen, auch wenn das Publikum aus zweifelhaften Kreisen kam. Während des Zweiten Weltkriegs tummelten sich im Paramount Schieber und japanische Spione. 1941 erschoss hier ein

Auftragsmörder die Taxi-Tänzerin Chen Manli, weil sie sich geweigert hatte, mit einem japanischen Besatzungsoffizier zu tanzen.

»Das Paramount war damals der beste Ballsaal in Shanghai«, insistiert die Managerin. Doch Mao ließ den Klub schließen und eröffnete in den Räumen das Rote Hauptstadtkino, das Filme zeigte wie »Eisenbahn-Guerilla« oder »Das rote Frauenbataillon«. Nun ist das 百乐门 bailemen, der »Ort der unzähligen Vergnügen«, wieder da – an derselben Stelle und im alten Stil restauriert, mit Art-déco-Leuchten, Samtsofas und rotem Teppich.

»Shanghai bei Nacht, welch schlaflose Stadt«, trällert auf der Bühne eine Schönheit des neuen Shanghai eine Weise des alten: »Wer weiß, ob das Lächeln nicht nur gespielt ist, das Nachtleben dient dem Überleben, wir sind betrunken nicht vom Wein, sondern von uns selbst.« Die 29-jährige Qingqing tanzt im hochgeschlitzten roten Qipao mit einem älteren Herrn – für 25 Yuan pro zehn Minuten, umgerechnet etwa 2,50 Euro. Sie führt.

»Wir sind unabhängiger, besser erzogen und glücklicher als die Tänzerinnen in den Dreißigerjahren«, betont sie. Tagsüber arbeitet sie als Make-up-Assistentin, andere ihrer Kolleginnen sind im Hauptberuf Sekretärin. Im Paramount verdienen sie sich etwas dazu, manchmal bis zu 10 000 Yuan im Monat, das Vielfache eines Shanghaier Durchschnittsgehalts. »Den Unterschied zu früher sehen Sie schon am Namen«, sagt Qingqing. »Früher sprach man hier von Tanzmädchen, uns nennt man Tanzlehrer.«

Die Gäste dürfen sich ihre Partnerinnen nicht selbst aussuchen, sie müssen ihr Können im Gesellschaftstanz einstufen, Anfänger, mittleres Niveau oder Fortgeschrittener. Die 大班 *taipan*, wie sich die »große Diensthabende« nach traditionellem Vorbild auf Kantonesisch nennt (hochchinesische Aussprache wäre »Daban«), teilt den Besuchern des Etablissements dann eine Tänzerin zu.

Oder einen Tänzer. Denn auch darin hat sich das Paramount den neuen Zeiten angepasst. Neben 60 Damen gibt es jetzt auch 20 Herren. Cao Zhugang, ehemals Tanzlehrer in der nahe Shanghai gelegenen Provinz Anhui, tanzt mit der über 80-jährigen Rose Tang, einer kräftig geschminkten und rüstig wirkenden Dame. Ihre Familie unterhielt enge Beziehungen zu Maos Gegenspieler Chiang Kai-shek, weshalb Madame Tang während der Kulturrevolution Toiletten putzen musste.

Im Paramount treffen sich Nostalgiker des alten Shanghai, die sich den für China teuren Eintrittspreis von 100 bis 200 Yuan leisten können. Schießereien gibt es nicht mehr, auch keine Prostitution. Die floriert heute nebenan, in den zahlreichen Karaoke-Salons. Dort kann sich der männliche Kunde aus einem Dutzend Mädchen in Hotpants und Minirock eines aussuchen für das 三陪 *sanpei*, das »dreifache Begleiten« – singen, trinken und Sex.

Hier kehrt wirklich das alte Shanghai wieder, wenn auch heute Chinesen das Sagen haben und nicht vor allem Ausländer, die in Kolonialzeiten die Einheimischen diskriminierten. In den Zwanziger- und Dreißigerjahren des vorigen Jahrhunderts galt die Metropole als Sündenbabel des Ostens. Vorsichtige Schätzer zählten 700 Bordelle. In Vergnügungsstätten wie der »Allee des konzentrierten Glücks« wurden jährlich die »100 besten Huren« gewählt. Ein englischer Missionar klagte damals: »Wenn Gott Shanghai überleben lässt, muss er sich bei Sodom und Gomorrha entschuldigen.« Aldous Huxley, der Autor der »Schönen neuen Welt«, hatte »in keiner Stadt je einen solchen Eindruck von einem dicken Morast üppig verflochtenen Lebens« wie hier.

Heute strahlt dieser Morast in neuem Glanz, etwa im Vergnügungszentrum 新天地 *xintiandi*, »neuer Himmel und Erde« oder frei übersetzt »Neues Universum«, einem absoluten In-Platz. Auch dieser Ort schreit von den schrägen Wenden in Shanghais Geschichte. Ich hatte ihn schon einmal in ganz anderen Zeiten besucht, 1986.

In meinen Aufzeichnungen von damals lese ich: »Wir fahren einige Kilometer weiter, in die Xingye-Straße. Das schwarz lackierte Tor des Hauses Nummer 76 ist gerade geöffnet worden, Schüler drängen aus dem Gebäude und überqueren die Straße. Was haben sie in dem stattlichen zweistöckigen Backsteinhaus gesucht? Was wollen dort Tag für Tag mehr als tausend Menschen? Eine Frau, die eben die Schüler verabschiedet hat, führt uns in ein winziges Zimmer. Wäre es vermietet, könnte man es ein Beispiel für Wohnungsnot nennen. Ein rechteckiger Tisch füllt fast die gesamte Fläche aus, zehn Rundschemel stehen darum herum, zwölf Tassen stehen darauf. Eine Teekanne und eine Vase zieren die Mitte des Tisches, beide sind aus Porzellan, auf beide sind Blumenmuster gedruckt. Die Frau beginnt mit feierlicher Stimme: ›Hier tagte vom 23. Juli 1921 an der I. Parteitag der Kommunistischen Partei Chinas.‹«

Weiter schrieb ich damals: »Die zwölf Delegierten wollten vor der Geheimpolizei der Kolonialmächte auf Nummer sicher gehen. Deshalb hatten sie das Haus, das wir gerade besichtigen, als Tagungsort gewählt. Hier wohnte ein Mann, der bisher politisch nicht hervorgetreten war, der Verwandte eines Delegierten. Plötzlich platzte ein Unbekannter in die Parteitagsberatungen. Er behauptete, er habe sich in der Tür geirrt, und rannte davon. Tatsächlich war er ein Agent der französischen Kolonialbehörden. Zehn Minuten später stürmten Polizisten und Geheimagenten in den Raum, aber sie fanden nichts, denn der Parteitag war inzwischen verlegt worden – und wurde am 31. Juli an Bord eines Vergnügungsdampfers zu Ende gebracht.«

Das Museum besteht heute noch, erinnert mit Bildern und Dokumenten daran, dass sich Mao und die anderen Kämpfer hier versammelten. Doch inzwischen beherrschen modernste Bars, Boutiquen, Galerien und Luxus-Apartments das Gelände, Restaurants und Kneipen, die so schillern, wie sie heißen: »La Maison«, »Che«, »Luna«… Chinesische Kellnerinnen servieren im Dirndl Eisbein mit Sauerkraut. In einem Klub mit edlem Design leuchten Fischteiche in grünem Licht.

Xintiandi war vor hundert Jahren das Herz der französischen Konzession gewesen. In einer Zeit der Wirren suchten Vertriebene aus anderen Teilen Chinas hier Zu-

173

flucht. Über Jahrzehnte zerfallen, ist diese kleine Stadt innerhalb der großen Stadt in den letzten Jahren renoviert worden, mit noch größerem Glanz als das Original. Dabei wurden historische Backsteine und Dachziegel verwandt.

Typisch für *xintiandi* sind die 石库门 *shikumen*-Häuser, »Steintor«-Häuser, eine spezielle Bauweise im alten Shanghai, die östlichen und westlichen Stil verband. An enge Gassen angrenzend, führen prächtige holzgeschnitzte Tore unter Steinbogen in geschlossene Höfe, die einen Hort der Geborgenheit bildeten während der Kriege. Im neuen Universum aus Himmel und Erde sind moderne Gebäude hinzugekommen wie ein 25 000-Quadratmeter-Glasbau mit Shops und Kinos.

Schräg über die Straße kommt man in die Disco Rojam. Wie an den anderen Orten des exzessiven Shanghaier Nachtlebens ist dort die Scham der maoistischen Jahre vorbei: Auf dem Podest tanzt ein Go-go-Girl, dessen Körper nur knapp von einem Seidentuch verhüllt wird. Eine Studentin kreist mit dem Becken auf dem Schoß ihres Freunds. Ein Nachwuchsmanager reibt seine Hose am Po der angemieteten »Trink- und Tanzpartnerin«. Anders als im Paramount bringen die hier einem weder Foxtrott noch Tango bei, verfügen dafür aber über andere Fertigkeiten.

Das ist das Milieu, in dem die Romane der jungen Shanghaier Schriftstellerinnen Wei Hui und Mian Mian spielen. Mit ihren Weltbestsellern haben sie das Bild vom neuen Shanghai im Ausland geprägt wie Vicki Baum mit ihrem »Hotel Shanghai« das Bild vom alten.

Ihre Gegner, Funktionäre und Literaten gleichermaßen, beschimpfen sie als 下半身女作家 *xiabanshen nüzuojia*, »Unterleibs-Schriftstellerinnen«. Auch in Deutschland passierte mir einmal Folgendes, als ich einen harmlosen Band mit chinesischen Kurzgeschichten kaufte: Der Buchhändler warnte mich, hoffentlich sei das nicht so etwas wie Wei Hui, die sei doch einfach eine Prostituierte, die ihre Erfahrungen aufzeichne. Was neben anderem davon zeugt, dass deutsche Ladenangestellte weniger geschäftstüchtig sind als Shanghaier.

Auch ich möchte nicht behaupten, die beiden Schriftstellerinnen hätten den Literatur-Nobelpreis verdient. Aber sie sprechen für viele Jugendliche in China und insbesondere in Shanghai, für die Sex ein wichtiger Teil der neuen Freiheit ist. Schärfste Gegnerin von Wei Hui ist übrigens Mian Mian – und umgekehrt. Sie und ihre Anhängerinnen bekriegen sich im Internet und werfen sich gegenseitig vor, Ideen voneinander zu klauen und mit Lektoren zu schlafen, um ihre Bücher voranzubringen.

Bekannt geworden ist Wei Hui mit ihrem Roman »Shanghai Baby«. Die Shanghaierin Coco kann sich nicht entscheiden zwischen ihrem chinesischen Freund, der nett ist, aber drogensüchtig und impotent, und ihrem deutschen, anderweitig verheirateten Liebhaber. Das Buch ist weder jugendfrei noch politisch korrekt, wenn sie etwa schreibt: »Er macht gnadenlos weiter. Plötzlich weicht der Schmerz, und ich gebe mich ihm hin, reiße die Augen auf, funkele ihn voll Liebe und Hass an, sein nackter, sonnengebräunter Körper erregt mich. Ich stelle ihn mir in Nazi-Uniform vor, mit langen Stiefeln und Ledermantel, welche Brutalität und Grausamkeit müsste dann in diesen germanischen blauen Augen liegen, die Vorstellung allein erregt mich.«

Mindestens so wichtig wie die Gier nach Sex ist die Gier nach Luxus und Konsum, für Wei Hui und für viele andere in Shanghai. So formuliert sie in ihren Romanen Zeilen, die woanders in der Welt kaum als Literatur durchgehen würden: »Dieser Abschnitt der Huaihai-Straße hat ausländisches Flair, das allerdings dem chinesischen Geschmack angepasst ist. Ganze Gruppen modisch gekleideter Jugendlicher laufen dort herum. In der Huating-Straße konnte man schon immer diejenigen sehen, die neueste Trends aufgriffen, und obwohl die Straße nur klein ist, beweist sich dort die angeborene Fähigkeit der Shanghaier, aus jedem Zoll Boden Geld zu schlagen: So weit das Auge reicht nichts als verführerische und preiswerte Angebote an Kleidung, Ledertaschen, Schuhen, Hüten, Kunsthandwerk und Spielzeug – die Straße hat in ausländische Reiseführer Eingang gefunden, und die Waren stehen der ausländischen Mode in nichts nach, bei erheblich günstigeren Preisen. Einmal habe ich auf der ›Hongkong-Messe‹ in den Shanghaier Messehallen eine perlenbestickte Seidenhandtasche für zweihundertfünfzig Kuai gesehen und handelte das gleiche Modell am Nachmittag in der Huating-Straße auf hundertfünfzig Kuai runter.«

Richtig bekannt wurde Wei Hui durch die harsche Reaktion der chinesischen Zensur. Die Propaganda-Abteilung der Partei geißelte die junge Autorin als »lie-

176

derliche Sklavin ausländischer Kultur« und schloss den Verlag »Frühlingswind«, der »Shanghai Baby« veröffentlicht hatte, für acht Monate. 40 000 Exemplare wurden verbrannt. Anschließend sollen sich in China aber noch einmal drei Millionen Raubkopien verkauft haben.

Um Sex, Drogen und Selbsmordversuche geht es auch bei Mian Mian, etwa in ihrer Kurzgeschichtensammlung »La la la«. Ihre Texte klingen poetischer. Da heißt es etwa: »Ich bin ein Strom von Wasser, zurückgelassen nach dem Regen. Mein Name ist Mianmian. Meine Erzählungen sind keine Autobiografie. Die muss warten, bis ich, die Schreiberin, ganz nackt bin. Das ist, was ich will.«

Während Wei Hui sachlich ein neues Shanghaier Leben protokolliert, spielt Mian Mian mit verrückten Bildern: »Himmel und Erde machen Liebe. Ich streichle B. Ein Mann wacht auf, stellt fest, dass sein Penis verschwunden ist und gerade auf der Straße zum Verkauf angeboten wird.«

Immer wieder geht es in diesen Büchern auch um die käufliche Liebe, die im neuen Shanghai so allgegenwärtig ist wie in den Dreißigerjahren. Da sie, wie überall in China, verboten ist, mischt sie sich umso mehr mit dem normalen Leben. Rotlichtbezirke darf es nicht geben, deshalb hat sich das Gewerbe mitten in Wohngebieten eingenistet: In kleinen Friseursalons sind Fön und Schere nur Fassade, bieten die Masseusen dafür »speziellen Service« auf einer Pritsche im Hinterzimmer. In Karaoke-Palästen können sich Männer Mädchen mieten, die nicht nur singen. Korrupte Kader kehren am

liebsten in sogenannten »Duschhäusern« ein, wo man
für den Sex sogar eine abzugsfähige Quittung bekommt,
diskret ohne Angaben über Details der Dienstleistung.

Das ist übrigens alles in Peking auch so. Vielleicht ist
der internationale Ruf von Shanghai als der »Hure des
Orients« nur entstanden, weil mehr Ausländer darüber
berichtet haben. In beiden Metropolen gilt: Wie in
China heute der Unterschied zwischen Arm und Reich
größer ist als in Indien, so klaffen Welten zwischen verschiedenen Lebensweisen. Noch immer fällt es vielen
Chinesen schwer, über ihre Gefühle zu sprechen. Es ist
ihnen peinlich, nicht nur aus Prüderie, sondern weil sie
fürchten, bei Ablehnung das Gesicht zu verlieren.

Früher wurden die Ehen von den Eltern vermittelt.
Ich habe hier alte Menschen getroffen, die sich am Tag
der Hochzeit zum ersten Mal gesehen hatten! Sind
Frauen mit 25 und Männer mit 30 nicht verheiratet, mi-
schen noch heute oft die Eltern bei der Partnersuche
mit. In Parks sprechen Alte auf eigene Faust potenzielle
Schwiegereltern für ihre Kinder an, ob sie nicht einen
Sohn oder eine Tochter haben, am besten mit Wohnung
und Auto, chinesische Absolventen von ausländischen
Hochschulen bevorzugt. Aber die Eltern können und
wollen den Nachwuchs nicht mehr zu einer Ehe zwin-
gen wie in alten Zeiten.

Im Fall von Lou und Yao, dem Brautpaar in Shanghai,
waren Kollegen hilfreich. Sie arrangierten ein Essen, bei
dem sich Braut und Bräutigam kennenlernten. Mit den
landesüblichen Ritualen ging es weiter. Er goss ihr im
Restaurant Tee nach und legte ihr mit seinen Stäbchen

Fleischstücke auf den Teller. Sie kaufte alle in der Apotheke verfügbaren Medikamente, als er sich erkältete. Bei einem Kinobesuch berührte seine Hand das erste Mal vorsichtig die ihre. Nach drei Monaten wurden sie ein Paar.

Immer mehr aber wagen es selbst, einen Studienkollegen oder Bekannten anzusprechen, der ihnen gefällt. Die Lebensgewohnheiten ändern sich in Peking und Shanghai so schnell, dass schon Studenten die Schüler als »verdorbene Jugend von heute« bezeichnen. Manche meinen, die beiden Metropolen seien »Hauptstädte des One-Night-Stands«.

»Ich bin etwas konservativ«, sagt mir Yao an ihrem Hochzeitstag – sie ist gerade 26 Jahre alt. »Die Jüngeren kennen keine Hemmungen mehr.«

Von alten, neuen, wahren und umstrittenen Geschichten: Shanghai im Film

Wollen Sie sich in das wilde Shanghai zurückverset-
zen, wie es in der ersten Hälfte des 20. Jahrhunderts aussah, mit seinen Armen und Reichen, Paten, Gangstern
und Prostituierten? Dann sollten Sie »Shanghai Serenade« (1995) von Chinas bekanntestem Regisseur Zhang
Yimou sehen. Dieser Film gewann den Technik Grand
Prix der Internationalen Filmfestspiele von Cannes und
wurde für den Golden Globe Award nominiert in der
Kategorie »Bester ausländischer Film«. Er enthält auch
versteckte Kritik am heutigen China, wie die meisten
früheren Filme Zhang Yimous. Seine jüngeren Filme
(»Hero«, »House of Flying Daggers«) sind sehr viel
kommerzieller. Bekanntlich hat er auch die Eröffnungs-
und Abschlusszeremonie der Olympischen Spiele in
Peking inszeniert. Superstar Gong Li, mit der Zhang
Yimou eine in China viel diskutierte Affäre hatte, spielt

in »Shanghai Serenade« eine Nachtklubtänzerin, die Geliebte eines Mafia-Paten ist.

Einen ganz besonderen Zugang zur Geschichte Shanghais verschafft »The Soong Sisters« (1997) von Mabel Cheung. Der Film hat auf den Festivals in Taiwan und Hongkong gleich mehrere Preise abgeräumt, so wurde Maggie Cheung als beste Hauptdarstellerin ausgezeichnet. Das dramatische an dieser Geschichte: Sie hat sich ziemlich genau so zugetragen.

Es war einmal ein Shanghaier Geschäftsmann mit dem Namen Song (so die Schreibweise in der Pinyin-Umschrift), dem wurden drei Töchter geboren: Ailing, Meiling und Qingling. Am Beginn des Films steht ein Satz, der die Richtung vorgibt und die historische Tragweite ausdrückt: »Eine liebte das Geld, eine liebte die Macht, und eine liebte China.« Ailing heiratete einen Nachfahren des Konfutse, einen reichen Geschäftsmann, der in einer Villa der französischen Konzession von Shanghai residierte. Sie wird gespielt vom späteren Bond-Girl Michelle Yeoh. Meiling war die Gattin von Chiang Kai-shek, wurde damit also die First Lady von Nationalchina und später Taiwan. Qingling war die Assistentin, Kampfgefährtin und Ehefrau von Chiang Kai-sheks Vorgänger Sun Yat-sen, dem Führer der demokratischen Revolution gegen den letzten Kaiser. Im Film sieht man, wie auf Wunsch Chiang Kai-sheks 1927 in Shanghai die Kommunisten abgeschlachtet werden. Qingling sieht darin einen Verrat an den revolutionären Ideen und wendet sich öffentlich dagegen. Im Krieg gegen die Japaner sind die drei Schwestern wieder vereint, treten gemeinsam an der Front auf. Als Mao 1949 siegt, fliehen Ailing und Meiling. Qingling dagegen unterstützt die rote Revolution und wird später sogar zur Vizepräsidentin der Volksrepublik China. Nach der Ausrufung der Volksrepublik haben sich die Schwestern nie mehr gesehen. Der Film beginnt mit einer Szene kurz vor Song Qinglings Tod 1981. Sie möchte ihre Schwester, Madam Chiang Kai-shek, noch einmal sehen und lässt ihr ein Telegramm schicken. Ein Mitarbeiter des Telegrafenamts kann es kaum glauben: »Ich arbeite seit 1949 in diesem Büro. Noch nie habe ich gehört, dass jemand ein Telegramm an die Chiang-Familie geschickt hat.« Die Brisanz dieser Shanghaier Familiengeschichte lässt sich ansatzweise ermessen, wenn man sich vorstellt, Angela Merkel wäre die Schwester von Margot Honecker.

Dieser Hongkonger Film lebt von seiner unglaublichen, aber wahren Geschichte. Man merkt ihm aber auch an, dass er 1997, dem Jahr der Rückkehr Hongkongs nach China, gedreht wurde, mit Blick auf den großen chinesischsprachigen Markt. Auf keinen Fall sollte die Regierung in Peking verärgert werden. Song Qingling wird deshalb uneingeschränkt als Heldin dargestellt, obwohl man fragen könnte: Warum hat sie, die in der Auseinandersetzung mit Chiang Kai-shek kein Blatt vor den Mund nahm, zu den Verbrechen der Kommunisten geschwiegen? Während die gewöhnlichen Chinesen unter Mao in bitterer Armut lebten, auch in Shanghai, residierte Song Qingling in einer Villa voller Art-déco-Möbel. Ihr Haus kann man heute in Shanghai besichtigen. In der Garage stehen noch ihre zwei Limousinen, darunter eine, die ihr Stalin 1951 schenkte. Doch bis heute kritisiert hier kaum jemand öffentlich Song Qingling.

Lautstarke Kontroversen ausgelöst hat in China hingegen »Gefahr und Begierde« (2007) des Oscar-Preisträgers Ang Lee (»Brokeback Mountain«). Der Film wurde auf dem Filmfestival in Venedig mit dem Goldenen Löwen ausgezeichnet und erhielt gleich sieben Goldene Pferde, das ist das taiwanesische Gegenstück zum Oscar. Auch dieser Film spielt im Shanghai des letzten Jahrhunderts, während der japanischen Besatzung. Der Zuschauer erlebt die Brutalität der Japaner, sieht Tote auf der Straße und schaut in die protzigen Villen derer, die mit den Okkupanten Geschäfte machten. Mit der Heldin besuchen Sie Cafés im westlichen Stil, wie sie schon damals in Shanghai beliebt waren, und Juweliere. Sie gehört zu einer Widerstandsgruppe, die ein Attentat auf einen führenden Kollaborateur vorbereitet.

So weit, so gut aus Sicht der chinesischen Regierung. Doch die Heldin beginnt eine hypersexuelle Affäre mit dem Mann, den sie zu Tötungszwecken verführen soll. Ich habe nationalistische »Experten« in chinesischen Talkshows gesehen, die allen Ernstes behaupteten, »für chinesische Frauen«, natürlich im Unterschied zu Frauen aller anderen Nationalitäten, sei Sex ohne Liebe undenkbar und ein Techtelmechtel mit einem Kollaborateur noch weniger. Dabei ist es genau das, was den Film für nationalistische Fanatiker unerträglich macht:

Die Heldin verliebt sich am Ende tatsächlich in den Kollaborateur – zumindest so heftig, dass sie ihn vor dem Attentat warnt.

Trotz alledem: Der Film lief in den chinesischen Kinos, allerdings wurden die erotischen Szenen zensiert. Die schauten sich die Chinesen dann im Internet an oder reisten in informellen »Gefahr-und-Begierde-Touren« nach Hongkong, wo der Film in ungekürzter Fassung zu sehen war. Zum Spott änderten Internetnutzer Chinas offizielle Hongkong-Losung »ein Land – zwei Systeme« in »ein Land – zwei Filme«.

Das Schlimme passierte anschließend: Die Staatsadministration für Radio, Film und Fernsehen (SARFT) verbot der Hauptdarstellerin Tang Wei, im chinesischen Fernsehen aufzutreten. Warum wurde diese junge Schauspielerin bestraft, nicht aber Regisseur Ang Lee oder der Superstar Tony Leung Chiu Wai, ihr männlicher Gegenpart in dem Film? Es hieß, weil es ihre erste große Rolle war. Es solle nicht der Eindruck entstehen, mit »so einem Film« gelange man zu Ruhm. Sie sei »kein Vorbild« für »die chinesische Jugend«.

Eine Shanghaier Lebensgeschichte über mehrere Jahrzehnte erzählt auch »Everlasting Regret« (2005) von Stanley Kwan, produziert von Jackie Chan – die unerfüllte Liebe zwischen einem Fotografen und einem ehemaligen Model, dessen reicher Liebhaber aus Shanghai fliehen muss. Bezeichnend für die damalige Stellung Shanghais ist ein Dialog kurz vor dem Einmarsch der Kommunisten 1949: Viele hauen jetzt nach Hongkong ab, sagt eine der vornehmen jungen Damen. Da möchte ich nicht hin, entgegnet eine andere, da gibt es ja nicht einmal richtige Restaurants und Geschäfte. Die Heldin verliert ihr Leben im Glanz, leidet als einfache Genossin in der kommunistischen Volksrepublik, erlebt die Kulturrevolution und den Beginn der Öffnung, die sie aber nicht mehr genießen kann. Leitmotiv: »Wenn deine Stadt nicht mehr länger deine Stadt ist.«

Trotz Anspielungen auf die Kulturrevolution kam auch »Shanghai Story« (2004) durch die Zensur. Regie führte Peng Xiaolian, ein Studienkollege von Zhang Yimou. Dessen »House of Flying Daggers« schlug er dann sogar beim Rennen um den Goldenen Hahn, erhielt diese chinesische Filmauszeichnung für bester Film, bester Regisseur, beste Schauspielerin und bester Nebendarsteller. Das Sterben der Großmutter bringt die Angehörigen zusammen und führt dazu, dass der Abstieg der Familie während der Kulturrevolution aufgerollt wird. Der Umgang mit diesem Film ist übrigens ein Beispiel dafür, dass es in Shanghai nicht unbedingt liberaler zugeht als in Peking: Die Shanghaier Zensur verlangte, das Ende des Films zu ändern. Daraufhin bestand der Regisseur darauf, die Zentrale von SARFT in Peking solle entscheiden. Die ließ den Film wie er war. Darin sehen Sie auch, wie Shanghaier heute in den alten französischen Villen leben und wie gnadenlos der Regen auf sie runterprasselt.

Das moderne Shanghai mit seinen welthöchsten Wolkenkratzern und beleuchteten Stadtautobahnen erleben Sie in zwei netten Liebeskomödien: »Leaving Me Loving You« (2004) von Wilson Yip mit den chinesischen

Superstars Leon Lai und Faye Wong: Zwei Shanghaier Yuppies trennen sich voneinander, laufen sich aber von Berufs wegen wieder über den Weg, dem chinesischen Prinzip des 缘分 *yuanfen* folgend, der »Schicksalsfügung, die Menschen zusammenführt«; am Ende küssen sie sich mit dem höchsten Hotel der Erde und dem höchsten Fernsehturm Asiens als Hintergrund, zu einem eigens dafür inszenierten Feuerwerk. »The Longest Night in Shanghai« (2007) von Zhang Yibai ist eine chinesisch-japanische Koproduktion und führt dementsprechend einen japanischen Make-up-Künstler (Masahiro Motoki) mit einer fleißigen und putzigen Shanghaier Taxifahrerin (Zhao Wei) zusammen. Das reißt auch ein Thema an, über das man in China wegen der Kriegsverbrechen der Japaner nicht gern spricht: der Einfluss von japanischer Mode auf die Jugendkultur hier, besonders in Shanghai. Auch in dieser Romanze blühen die Gefühle im Dauerregen.

An Tagen ohne Taifun …

Die gute Nachricht vorab: Alles in allem gesehen ist das Klima in Shanghai milder als das in Peking. Womit ebenfalls das Vorurteil widerlegt wird, 1300 Kilometer weiter südlich ginge es immer viel heißer zu. Im Juli schwankt das Thermometer in Shanghai zwischen 23 und 32 Grad, gegenüber 20 bis 30 Grad in der nördlichen Hauptstadt. Im April und Mai sind die Höchsttemperaturen in beiden Städten sogar gleich, jeweils 19 Grad im ersten und 25 Grad im zweiten Monat. Groß ist der Unterschied im Dezember: ein durchschnittliches Tageshoch von 17 Grad in Shanghai gegenüber 2 Grad in Peking.

Während Sie in Peking auf der Straße frieren, wird es Ihnen in Shanghai drinnen kalt. Drinnen? Traditionell gilt der Jangtse in China als »Heizlinie«, südlich davon wird nicht geheizt. Das trifft besonders Shanghai, da es zwar südlich des Jangtse liegt, aber nicht sehr weit. So kann das Thermometer in Winternächten durchaus unter 0 fallen. Im Februar 2008 war Shanghai sogar von der legendären Schneekatastrophe betroffen, die ganz Südchina zum Erliegen brachte. Die Bahnhöfe glichen Flüchtlingslagern in einem Krieg, da Züge tagelang in Schnee und Eis stecken blieben. Wer in Shanghai wohlhabend genug ist, behilft sich, indem er einen stromfressenden Elektroofen ins Schlafzimmer stellt oder die Klimaanlage zur Heizung umfunktioniert. Die anderen müssen sich warm anziehen, auch zu Hause mehrere Lagen von Unterwäsche und Pullovern tragen.

Die Chance ist klein, dass Sie davon etwas mitbekommen, wenn Sie Shanghai im Frühjahr oder Herbst besuchen, den angenehmsten Reisezeiten. Da diese jedoch nur sehr kurz sind, kommen die meisten Touristen im schwülen Sommer. Wovor Sie sich in keiner dieser Jahreszeiten retten können: vor dem Regen. Shanghai ist 湿 *shi*, feucht. Im subtropischen Shanghai fallen jährlich mehr als 113 Zentimeter Niederschlag, noch deutlich mehr als im auch nicht gerade regenarmen München (93 Zentimeter). Im Sommer regnet es in Shanghai anderthalb Mal so viel wie in der Föhnstadt.

In Doris Dörries Film »Bin ich schön?« irrt Dietmar Schönherr als Spanier Juan mit der Asche seiner verstorbenen deutschen Frau durch den Wald und sagt, sie habe den deutschen Regen so vermisst, den Nieselregen, den Platzregen, den Dauerregen … In Shanghai gibt es noch ein paar mehr Wörter dafür, den willkommenen 春雨 *chunyu*, Frühjahrsregen, der Gräser und Bäume begießt, den 秋雨 *qiuyu*, Herbstregen, mit jedem von ihm wird es ein Stück kälter, vor allem aber den 梅雨 *meiyu*, Pflaumenregen, im Sommer, der einfach deswegen nach Pflaumen benannt ist, weil dasselbe Schriftzeichen auch für modrig steht. So fühlen sich die Kleider an bei 100 Prozent Luftfeuchtigkeit, sie sind durchschwitzt und kleben am Körper.

Wenn es dann plötzlich losprasselt, rennen alle so schnell sie können. Oft sind Regen und Wind so stark, dass Sie Ihren Schirm kaum halten können, er fliegt Ihnen weg, wird umgestülpt oder gar zerrissen. Auch die Sitten verwahrlosen. Das habe ich nicht nur gesehen, sondern kenne es auch von mir selbst. Während man gewöhnlich in Shanghai – wie in Peking – überall auf der Straße ein leeres Taxi finden und anhalten kann, bekommt man im Sturm nur eins, wenn man gute Augen hat (als Erster sehen, wo gerade jemand aussteigt), schnell sprintet und keine Rücksicht zeigt (das Schimpfen derer ignorieren, die ungefähr gleichzeitig mit Ihnen die Tür aufgerissen haben).

Shanghai, sonst für Sensationen in Wirtschaft und Architektur bekannt, gerät gelegentlich auch mit dem Wetter in die Schlagzeilen: Wenn wieder ein tropischer Wirbelsturm auf die Metropole zurast wie im September 2007 der Taifun Wipha. Er tobte mit einer Windstärke von 230 Kilometern, als er das chinesische Festland erreichte. Die Regierung ließ zwei Millionen Menschen aus Shanghai und Umgebung evakuieren, vor allem Arme und Wanderarbeiter, die in maroden Häusern oder provisorischen Unterkünften wohnen.

Die Arbeit auf den zahlreichen Mega-Baustellen Shanghais wurde eingestellt. Die Schulen blieben geschlossen. Flüge wurden gestrichen. Geschäftsinhaber versuchten, ihre Läden mit Sandsäcken vor der Flut zu schützen. Die Fußballweltmeisterschaft der Frauen, die gerade in Shanghai stattfand, wurde unterbrochen.

Doch schließlich verschonte Wipha Shanghai. Als der Sturm dort eintraf, hatten ihn die Wetterbehörden bereits von Kategorie vier auf eins runtergestuft. Schlimmer wütete der Taifun Winnie im Jahr 1997. Damals starben 242 Menschen, darunter auch einer in Shanghai.

Haarige Krabben, betrunkenes Huhn und Löwenkopf-Fleischbälle

Millionen von Menschen sind in den letzten 150 Jahren in Shanghai eingewandert, viele von ihnen haben der Stadt später wieder den Rücken gekehrt. Aber alle haben ihre Spuren in der lokalen Küche hinterlassen. Während des Taiping- und des Boxer-Aufstands kamen Flüchtlinge aus den Nachbarprovinzen Jiangsu und Zhejiang, die ersten beiden großen Einwanderungswellen.

Aus Zhejiang stammen die Hühnerspeisen. Hühnchen, auf verschiedenste Weise zubereitet, sind heute Lieblingsgerichte der Shanghaier: »Bettler-Huhn«, in Lotusblättern eingewickelt und in Teig eingebacken serviert; »Betrunkenes Huhn«, das im historischen Shaoxing, Chinas bekanntestem Reiswein, mariniert wird und mehrere Tage im Voraus zubereitet werden muss; knuspriges Huhn, es wird gekocht, bis das Fleisch zart ist, dann geröstet, bis die Haut trocken und knusprig wird; Sojasoßen-Huhn, mehrere Stunden in dunkler Sojasoße geschmort, was ihm eine rote Farbe verleiht (weshalb diese in Shanghai populäre Kochart 红烧 *hongshao* genannt wird, »rotes Schmoren«); kalt gekochtes Huhn, eine andere Variante des Sojasoßen-Huhns, Anis und Ingwer geben zusätzliches Aroma, es ist garniert mit Schalotten und asiatischem Sesamsamen-Öl; eine weitere Variante ist das Sojasoßen-Huhn mit Shiitake-Pilzen, ein wärmendes Gericht für kalte Winternächte.

In Shanghai isst man viel Süßes, der Einfluss von Jiangsu. Mittlerweile wird hier so viel Zucker verwandt wie nirgendwo sonst in China. Beliebt sind etwa 糖醋 小排 *tangcu xiaopai*, wörtlich »kleine Rippenstücke mit Zucker und Essig«. Da der Zucker oft mit Sojasoße kombiniert wird, schmeckt es für unsereins eher pikant. Shanghaier machen sich einen Spaß daraus und lassen ausländische Gäste raten, welche »geheime Zutat« beigemischt wurde.

Shanghais Küche ist internationaler als andere in China, ein Ergebnis der Kolonialzeiten und der Aufnahme von Verfolgten aus Europa. So lieben die Shanghaier Brot. Nirgendwo sonst in der Volksrepublik findet man so viele Bäckereien wie hier. Sie bieten vor allem weißes, süßes und luftiges Brot an. Seit dem Sieg der Kommunisten wird das Gerücht verbreitet, dies gehe auf Chinas damaligen Ministerpräsidenten Zhou Enlai zurück, der in Frankreich studiert hat. Es waren aber wohl vor allem die Franzosen selbst, in deren Konzession die Shanghaier Baguettes und Croissants kennenlernten.

Die Exilrussen brachten die Borschtsch-Suppe mit, die Kohlsuppe mit roter Bete, die in Shanghai unter dem Namen 罗宋汤 *luosongtang* bekannt ist. Mittlerweile werden hier sogar japanische Sushi als Shanghai-Küche angeboten.

Da Shanghai zum Jangtse-Delta gehört und nicht weit vom Ostchinesischen Meer liegt, essen die Leute hier viel Fisch und Meeresfrüchte. Aale und Krabben werden oft mit Schnaps betrunken gemacht und dann lebend gekocht. Zu den lokalen Spezialitäten gehört etwa 大闸蟹 *dazhaxie*, die haarige Krabbe. Ihre Beine sind behaart, sie glänzt grün. Was für mich immer zu viel Arbeit beim Essen ist, bringt den Shanghaiern Spaß: den Panzer aufbrechen, das Fleisch löffeln und in Essig tunken, an den Beinen saugen, Innereien und Lunge abtrennen.

Andere Shanghaier Gerichte sind etwa Löwenkopf-Fleischbälle: Das Schweinefleisch steht für den Kopf des Löwen, der Senfkohl Pok Choi stellt seine Mähne dar; oder Kohlkopf mit Sahne, die sonst in chinesischen Speisen selten ist, garniert mit gehacktem Schinken und Schalotten; dann gibt es noch Perlenbälle: gedünstete Schweinefleischbälle mit klebrigem Reis, oder stinkender Tofu (ja, so heißt der); »tausendjährige Eier«, schwarze Eier, gewürzt mit Ingwer und Linde.

Der ewige Streit zwischen Shanghaiern und dem Rest der Chinesen, wer nun der schlechtere Mensch ist, klammert natürlich das zentrale Thema im Reich der Mitte, das Essen, nicht aus. In Shanghai isst man kleinere Portionen als sonstwo im Land. Die Einheimischen sehen darin ein Zeichen ihrer Kultiviertheit. Für die anderen bietet es Anlass, sich über diese Hungerleider lustig zu machen.

Mehr als in Peking kommt es in Shanghai auf schickes Ambiente an. Viele Restaurants strotzen nur so von Dekor, Marmor und Vergoldungen. Der Service ist exzessiv. Manchmal wird man schon auf dem Parkplatz von einer Empfangsdame im hochgeschlitzten Qipao oder bodenlangen Samtmantel begrüßt, die dann nach innen die Ankunft der neuen Gäste durchgibt – in traditionelleren Häusern noch per Walkie-Talkie, heute trägt sie meist wie ein Pop-Sternchen ein Mikrofon vor dem Mund und einen kleinen Sender am Hintern.

Zu Shanghai gehören aber auch die kleinen Garküchen in den Nebenstraßen, an denen Bauarbeiter und Sekretärinnen auf dem Weg zur Arbeit 小笼包 xiaolongbao essen, Teigtaschen, meist mit Schweinefleisch gefüllt, die in Körben aus Bambus gedämpft werden. Dieser Snack ist für die Metropole am Huangpu so typisch wie Hamburger für die USA. Bevor man sie mit den Stäbchen zum Mund führt, tunkt man sie in eine mit Reisessig und gehobeltem Ingwer gefüllte Schale. Die gleichen Läden bieten meist auch die 生煎馒头 shengjian mantou an, in Öl gebratene Dampfbrötchen.

Wie Peking ist auch Shanghai voll mit Restaurants von allen Küchen Chinas. Während dort vor allem die Speisen aus den Provinzen Sichuan und Hunan populär sind, orientiert man sich in Shanghai noch weiter nach Süden: Shanghaier essen gern Kantonesisch, die an Meeresfrüchten und kleinen Leckerbissen (*dim sum*) reiche Küche, die viele Deutsche aus Hongkong kennen.

Auch in Shanghai beherbergt in vielen Straßen jedes Haus ein Restaurant. Die Metropole schläft nie, und sie isst fast immer. Viele Lokale haben 24 Stunden geöffnet. Ich fragte mal eine Kellnerin, ob sie denn nachts um drei Uhr noch Gäste habe? Selbstverständlich, antwortete sie, die Taxifahrer, die Karaoke-Hostessen …

Hier auszugehen sollte also ein uneingeschränktes Vergnügen sein. Das sagte ich auch dem Chefredakteur eines großen deutschen Fernsehsenders, den ich einmal durch Shanghai führte. Er wolle aber ein typisches Shanghaier Restaurant kennenlernen, betonte er. Kein Problem, beruhigte ich ihn, die Stadt ist voll davon. Wir brauchen nur loszufahren und uns eins auszusuchen. Er habe aber schon eins gefunden, entgegnete er, in einem deutschen Internet-Reiseführer. Ich schaute auf die Adresse und wies ihn dezent darauf hin, dass dies eine Touristengegend sei. Er bestand jedoch darauf, er wolle nur in diese in Deutschland empfohlene typische lokale Gaststätte. Ob man denn reservieren müsse? Nein, beruhigte ich ihn erneut, in Shanghaier Restaurants gibt es mittags immer Plätze. Wann denn die Shanghaier essen? Nun, wie die meisten Chinesen um zwölf, erklärte ich, aber vielerorts sei die Küche durchgehend geöffnet.

Kurz nach 13 Uhr kamen wir in das Lokal, auf dem er so bestanden hatte – und ausgerechnet hier teilte der Ober uns mit, dass gleich geschlossen werde. »Rufen Sie in einem anderen Restaurant an, ob es noch irgendwo etwas zu essen gibt«, tobte der sich als Choleriker erweisende deutsche Gast. »Aber nein, lassen Sie, es hat bestimmt schon alles zu.«

Dieses fremdländische Verhalten schockierte die Kellner so, dass sie extra für uns den Koch in die Küche zurückriefen. Mein Gast bedankte sich für dieses Entgegenkommen, indem er demonstrativ den von ihnen eingeschenkten Tee in die Kanne zurückschüttete, weil darin Teeblätter schwammen (das ist in China bei vielen Teesorten so). Das Personal für unseren Tisch wurde ausgewechselt. Dann schrie er die Kellnerin an, weil sie nur stilles Wasser hatte und kein sprudelndes. Wasser mit Kohlensäure gibt es in Restaurants hier so selten wie in Deutschland warmes Bier oder kalten Kaffee – zwei in China landesübliche Getränke (weil sie als gesünder gelten als die bei uns üblichen umgekehrten Varianten).

Andere Länder, andere Sitten. Nur zeigte mir dieses Erlebnis wieder einmal: Shanghaiern fällt es leichter, mit diesem Umstand umzugehen, als manchen Deutschen.

Shanghaier kaufen zuerst eine Wohnung ...

... bevor sie ein Auto kaufen, heißt es in China. Übrigens ist Mieten für Chinesen, egal ob in Shanghai oder Peking, nur eine Notlösung. Wer nicht, wie ältere Chinesen, seine Wohnung am Beginn der Reformpolitik günstig vom Staat bekommen hat, kauft sich eine neue Wohnung, sofern er es sich leisten kann. Warum für Shanghaier die Wohnungssuche Vorrang hat und warum Shanghais Stadtregierung den Autokauf schwieriger und teurer macht, hat beides den gleichen Grund: Es gibt hier wenig Platz. Bei größerer Einwohnerzahl ist die Fläche Shanghais weniger als halb so groß wie die Pekings. Obwohl viel gebaut wird, besonders seit dem Beginn der Reform- und Öffnungspolitik, kommen auf einen Shanghaier im Schnitt nur neun Quadratmeter Wohnraum – was allerdings eine Verdreifachung gegenüber 1957 ist, damals waren es lediglich drei Quadratmeter. Wie auch Peking wird Shanghai großflächig saniert, was auch hier dazu führt, dass Hunderttausende zwangsumgesiedelt werden von der Innenstadt in neue Vororte; Betonsilos, die aus dem Boden gestampft werden.

Schon jetzt steht man auch in Shanghai ständig im Stau. Man stelle sich vor, jeder der 20 Millionen Einwohner würde ein Auto fahren! Diese Vorstellung macht sogar der Shanghaier Stadtregierung Angst, die sonst wenig zimperlich ist, wenn es um neue Superlative geht. Sie wagt es deshalb als Einzige in China, ihren Bürgern Hürden in den Weg zu legen, wenn sie sich den Wunsch nach dem eigenen Auto erfüllen wollen. Pro Monat gibt sie nur 6000 neue Kraftfahrzeug-Kennzeichen aus. Zum Vergleich: In Peking werden monatlich 30 000 neue Autos zugelassen.

Das größte Hindernis: Da die Kennzeichen in Shanghai beschränkt sind, müssen sie ersteigert werden – für umgerechnet 4000 bis 5000 Euro pro Monat. Das ist mehr als doppelt so viel wie das durchschnittliche Jahreseinkommen eines Shanghaiers. Einige Bewohner der Metropole versuchen das zu umgehen, indem sie ihr Auto in umliegenden Städten registrieren. Das ist natürlich illegal, weshalb dies zu einem endlosen Katz- und Mausspiel von Verkehrspolizei und Autofahrern führt.

Wegen dieser Schwierigkeiten, vor allem aber aufgrund der Mentalität der Shanghaier ist das Auto hier noch mehr Statussymbol als in Peking. Wer mit einem Golf oder Polo im Pudonger Businesszentrum oder an der schicken Vergnügungsmeile *xintiandi* vorfährt, dem verweigert der Parkwächter den Platz oder schaut den

Billigfahrer zumindest missbilligend an. Ein Mercedes oder Audi muss es schon sein. Viele Shanghaier kaufen sich lieber gar keinen Wagen als einen günstigen, mit dem sie sich hier lächerlich machen können.

Trotzdem wächst die Zahl der Autos auch in Shanghai bei Weitem schneller als von der Führung erhofft. Die Shanghaier Straßenplanung ging davon aus, dass es im Jahr 2020 zwei Millionen Autos geben wird. Im wirklichen Leben wurde diese Zahl bereits Ende 2004 erreicht.

Dabei entwickelt sich der öffentliche Nahverkehr in Shanghai schneller als irgendwo sonst auf der Welt. Erst 1995 wurde hier die erste U-Bahn-Linie eingeweiht, eine 16 Kilometer lange Strecke. Bis dahin gab es lediglich überfüllte Busse und Trolleybusse, wobei Shanghai mit fast eintausend Buslinien das ausgedehnteste Busnetz der Erde besitzt. Inzwischen verkehren acht U-Bahn-Linien mit 162 Stationen über 225 Kilometer. Damit verfügt Shanghai über Chinas größte 地铁 *ditie*, U-Bahn, übertrifft Peking und sogar Hongkong. Das Netz wird weiter ausgebaut. Bis 2010 sind drei weitere Linien geplant, das Netz soll auf mehr als 400 Kilometer verlängert werden.

Shanghais U-Bahn ist moderner als die Pekings und auch als deutsche U-Bahnen. Bis kurz vor Olympia kannte die Hauptstadt noch Papiertickets, Kontrolleurinnen, die am Eingang der Stationen saßen, rissen sie per Hand durch. Da gab es in Shanghai bereits, wie inzwischen auch in Peking, eine elektronische Karte für alle öffentlichen Verkehrsmittel. Deren Radiofrequenzen werden an den Eingangsschranken automatisch gelesen. Mit derselben Karte kann man in Shanghai sogar das Taxi bezahlen! Für lange Strecken bezahlt man in der Shanghaier U-Bahn mehr als in Peking, aber im internationalen Vergleich liegt der Preis immer noch im gemäßigten Bereich. Je nach Entfernung kostet eine Fahrt umgerechnet 30 bis 90 europäische Cents.

Perfekt ist auch die Sicherheit in Shanghais U-Bahn. Seit die Stadtregierung 2004 ankündigte, 200 000 versteckte Kameras aufzustellen, kann man sogar sagen: zu perfekt. Ein »umfassendes soziales Kontrollsystem« solle eingerichtet werden, hieß es. Schon damals fürchteten Bürger und Anwälte, dies könne zu Missbrauch führen. Niemand weiß, ob dieser Plan seither umgesetzt wurde oder nicht.

Sicher aber ist, dass sich 2007 ein junges Shanghaier Liebespärchen auf YouTube wiederfand. Die beiden verabschiedeten sich an den Eingangsschranken der U-Bahn voneinander, küssten und umarmten sich heiß und innig, wollten nicht voneinander lassen ... Nun konnte die ganze Welt sie bei diesen privaten Momenten beobachten.

Man hört auf dem Video Stimmen, mutmaßlich vom Sicherheitspersonal der U-Bahn in einem Überwachungsraum, die in Shanghaier Dialekt das Geschehen laut kommentieren und sich darüber amüsieren. Die Kamera bewegt sich, einer der Aufseher erteilt »Regie-Anweisungen«: »Tiefer, näher drauf, ich kann die Zunge nicht sehen.« Dann heißt es: »Mann, ist die geil!« und »Sie sieht deutlich besser aus als ihr Freund«. Ein Telefon klingelt im Überwachungsraum, eine Frau sagt, sie wolle jetzt nicht abnehmen, sondern sich weiter auf die Szene konzentrieren.

Empörte Shanghaier schrieben im Internet: »Diese Sicherheitsleute sind Freaks«, »sie sind schamlos«, »unmoralisch«. Es gab auch einige Chinesen, die es unpassend fanden, sich in der Öffentlichkeit »so zu küssen«. Doch die Kritik richtete sich vor allem gegen die, die das gefilmt und ins Netz gestellt hatten. »Jeder ist voyeuristisch, jeder hört gern Gerüchte über das Privatleben anderer Leute«, sagte eine Pekinger Büroangestellte, die täglich mit der U-Bahn fährt. »Aber das geht zu weit! Die missbrauchen ihre Macht.«

Wesentlich diskreter fährt man in Shanghai im Taxi. Auch hier trifft man Fahrer, die plaudern, aber seltener als in Peking. Schon beim Einstieg ins Taxi am Flughafen merkt man den Unterschied zwischen diesen beiden chinesischen »Völkern«. Der Shanghaier Fahrer ist gewöhnlich dienstbeflissen und freundlich-zurückhaltend. Oft trägt er Krawatte, während sein Pekinger Kollege zwischen Blaumann und T-Shirt schwankt. (Eine Änderung brachten auch hier die Olympischen Spiele: Die Regierung zwängte den Pekinger Taxifahrern ein gelbes Uniformhemd auf.)

Auch in Shanghai kosten Taxifahrten weniger als U-Bahnen in Deutschland. Zahlt man mit einem 100-Yuan-Schein (umgerechnet rund zehn Euro) erlebt man ebenfalls die unterschiedliche Service-Haltung in beiden Städten: Ein Pekinger Fahrer holt meist zu einem Wehklagen aus. Manchmal hat er gar kein Kleingeld und schickt den Kunden zum Wechseln ins nächste Geschäft. Shanghaier Taxifahrer dagegen haben mir immer auch bei kurzen Fahrten das Geld herausgegeben, ohne auch nur das Gesicht zu verziehen.

Kehrseite des Shanghaier Geschäftsgebarens: Um in weniger Zeit mehr Geld zu verdienen, rasen die Taxifahrer rücksichtslos und manchmal lebensgefährlich, sofern sie nicht im Stau stehen. Vielleicht ist Peking diesbezüglich sicherer, weil es dort noch mehr Autos gibt, was das Tempo zwangsweise drosselt.

Ein anderes Shanghaier Verkehrsmittel ist der 磁悬浮列车 *cixuanfu lieche*, der Magnet-Schwebezug, in Deutschland vor allem deshalb viel diskutiert, weil er da erfunden, aber nie genutzt wurde: Bei uns ist er besser als Transrapid bekannt. Siemens und Thyssen-Krupp bauten ihn dann in Shanghai, vom deutschen Steuerzahler mit 100 Millionen Euro subventioniert. Sie hofften auf Folgeaufträge, träumten sogar von einer Verbindung Peking-Shanghai. Darauf warten sie bis heute vergeblich.

Die deutsche Debatte darum geht oft so: Wir haben den Shanghaiern eine tolle Technologie hingestellt, die sie bestimmt kopieren und dann auf eigene Rechnung nachbauen. Deutschland dagegen, zögerlich und von Bürgerprotesten blockiert, hat diesen Wahnsinnszug immer noch nicht.

Mir geht es dagegen wie den meisten Shanghaiern: Ich versuche jede Fahrt mit dem Transrapid zu vermeiden. Hostessen in türkisfarbenen Uniformen lächeln auf dem Bahnsteig und weisen den Weg in die Waggons. Dann fährt die Magnet-Schwebebahn los, vorbei an Wiesen, gelegentlich kann man ein einfaches Häuschen erblicken. Doch darauf achtet kaum jemand, fast alle starren gebannt auf die Leuchtanzeige, die die Geschwindigkeit anzeigt. Nach 45 Sekunden sind 100 Stundenkilometer erreicht, nach anderthalb Minuten 200 und nach knapp zweieinhalb Minuten 300. Wenn der Zug zittert, kann es einem schwindlig werden. Schließlich, nach dreieinhalb Minuten, rast er mit der Höchstgeschwindigkeit von 431 Kilometern dahin. Die hält aber nur ein paar Sekunden an, dann bremst der Transrapid wieder ab. Denn die Strecke, die am Flughafen Pudong beginnt, reicht nur 30 Kilometer, nicht bis in die Stadt, sondern nur bis zur äußersten U-Bahn-Station. Nach sieben Minuten muss man aussteigen. Will man dann nicht mit Gepäck die überfüllte U-Bahn nehmen, muss man sich mit den Taxifahrern herumstreiten, von deren Service-Geist man ausgerechnet am Streckenende der modernen Bahn nichts spürt. Dieser Taxistand ist nämlich in der Hand einer Art Mafia, die nur lange Strecken fahren will.

Wie jeder Chinese versuche ich deshalb, Flüge zum alten Shanghaier Flughafen, Hongqiao, zu nehmen, der lediglich 13 Kilometer vom Stadtzentrum entfernt liegt. Eine Zeit lang fuhr der Transrapid nur bis 17 Uhr – war damit noch eingeschränkter als deutsche Ladenöffnungszeiten –, sodass er nach vielen Flügen gar nicht zu erreichen war. Mittlerweile fährt der letzte um 21 Uhr 32 vom Flughafen Pudong ab, was aber auch nicht bei allen Flügen passt. Da der Transrapid als Verkehrsverbindung keinen Sinn macht, ist er wegen seiner hohen

Fahrgeschwindigkeit zur Attraktion für Touristen geworden. Sie fotografieren sich gegenseitig an der Einstiegstür und vor der Geschwindigkeitsanzeige. Auch ich habe schon Gäste durch dieses teuerste Disneyland der Erde geführt. Das Ticket kostet zwar umgerechnet nur rund fünf Euro für eine Fahrt, die Baukosten für den meist halbleeren Zug betrugen aber eine Milliarde Euro. Jährlich macht die Betreibergesellschaft Verluste von umgerechnet 100 Millionen Euro. Shanghaier halten den Transrapid für ein unsinniges Prestigeobjekt, mit dem sich Chinas ehemaliger Ministerpräsident Zhu Rongji selbst verewigen wollte.

Die schöne Ironie der Geschichte: Deutsche Manager schwärmen davon, in Shanghai werde schnell entschieden, und klagen über Einwände der Bürger in München oder Hamburg. Nun hat der Transrapid eine Bürgerbewegung in Shanghai ausgelöst. Ausgerechnet die Shanghaier protestieren! Immer war ihnen unterstellt worden, sie würden vor Konflikten zurückschrecken, um ihre Geschäfte nicht zu gefährden. Jetzt sorgen sich die Anwohner einer geplanten Ausbaustrecke (unter anderem soll durch eine Erweiterungsstrecke das Gelände der World Expo 2010 angeschlossen werden) des Transrapid: Wie stark wird der Lärm uns belästigen? Wie wirken Magnetfelder und Schwingungen auf unsere Gesundheit? Besteht die Gefahr von Unfällen? Aber natürlich auch: Werden ihre Häuser an Wert verlieren, wenn der Transrapid an ihnen vorüberrast?

Da Demonstrationen in China gewöhnlich nicht genehmigt werden, entschieden sich die Bürger fürs

散步 *sanbu,* »Spazieren«. Am 12. Januar 2008 »spazierten« 2000 Demonstranten zum Sitz der Shanghaier Stadtregierung. Erstmalig in seiner Art war nicht nur dieser Protest. Neu war auch, dass er ernst genommen wurde. Zumindest vorübergehend wurde der Bau ausgesetzt, »auch wegen der Proteste der Anwohner«, wie die amtliche Nachrichtenagentur Xinhua zugab. Die Regierung ermunterte die Bürger, ihre Einwände per E-Mail, herkömmlicher Post oder telefonisch einzureichen. Öffentliche Anhörungen wurden vorbereitet. Erste Ergebnisse: Die Strecke soll drei Kilometer kürzer werden als vorher geplant, nicht durch dicht besiedelte Wohngebiete führen und in der City höchstens 200 Stundenkilometer schnell fahren. Aber vielen Shanghaiern reicht das nicht aus. Die Proteste gehen weiter.

Weltumfassende Versammlung

Das Bild wirkt vertraut: Junge, schöne Chinesinnen, bauchnabelfrei mit kurzem, ausgefranstem Röckchen und knappem Oberteil, schubsen einen als Spielfigur verkleideten Mann über die Bühne. Dazu lesen Herren in steifen Anzügen mit noch steiferen Gesichtern Reden vom Blatt ab. Richtig, ein neues Maskottchen wird vorgestellt. Diesmal das für die Shanghai World Expo, in China bekannt als 世博会 *shibohui*, »Weltumfassende Versammlung«. Die Weltausstellung wurde 1851 erstmals veranstaltet im Londoner Hyde Park als »Große Ausstellung der Arbeiten der Industrie aller Länder«. Sie gilt als drittgrößtes Weltereignis nach den Olympischen Spielen und der Fußball-Weltmeisterschaft. Nur dauert sie länger, in diesem Fall vom 1. Mai bis zum 31. Oktober 2010. Shanghai erwartet 70 Millionen Besucher, eine Zahl, die vielleicht nach unten korrigiert werden muss. Bei den Olympischen Spielen in Peking blieb am Ende die Hälfte der Hotelzimmer leer, da die Regierung in Panik geraten war und die Visa-Bestimmungen verschärft hatte.

Das Maskottchen für die Expo sieht ein bisschen wie ein Gespenst aus, nennt sich aber 海宝 *haibao*, die Abkürzung für 四海至宝 *sihai zhibao*, »Schatz der vier Meere«, was auch als Schatz von Shanghai verstanden werden kann. Es sei, so die Designer, dem chinesischen Schriftzeichen 人 *ren*, »Mensch«, nachgebildet. Dies solle zeigen, »wie wichtig die Menschen für die Expo sind«.

Mit Maskottchen hat China keine guten Erfahrungen. Über die fünf olympischen Maskottchen 福娃 *fuwa*, wörtlich »Glücksbabys«, schrieben Chinesen im Internet, in einer Mischung aus Aberglauben und Zynismus: Sind die fünf an allem schuld? Die Antilope Yingying steht für Tibet – dort tobten Unruhen. Huanhuan symbolisiert das Feuer – in Paris, London und anderswo attackierten Demonstranten die olympische Fackel. Der Drachen Nini ist ein Wahrzeichen aus der Shandong-Provinz – dort prallten vor Olympia zwei Züge zusammen, 70 Passagiere wurden dabei getötet. Der Pandabär Jingjing ist in der Sichuan-Provinz beheimatet, beim Erdbeben dort kamen 70 000 Menschen ums Leben. Beim Fisch Beibei stritten sich die Internetnutzer, ob er womöglich für den schweren Schneesturm im Winter oder die Überschwemmungen im Sommer 2008 steht.

Nun also Shanghai. Für die Kommunistische Partei ist die World Expo so etwas wie Olympische Spiele ohne Sportler, eine weitere Gelegenheit zu zeigen: China ist in den Kreis der Welt- und Wirtschaftsmächte zurückgekehrt. Auf dem Expo-Gelände schreit es eine Anschlagtafel förmlich heraus: »Gastgeber einer erfolgreichen, prächtigen und unvergesslichen World Expo zu sein ist entscheidend für China in seiner Entwicklung zum vollen Aufbau einer wohlhabenden Gesellschaft und zur Beschleunigung der sozialistischen Modernisierung.« Die Losung hängt über dem zukünftigen chinesischen Pavillon, der von Elementen traditioneller Architektur in Rot geprägt ist.

Wie während Olympia in Peking werden uniformierte Freiwillige einen perfekten Ablauf garantieren. 150 000 sollen es in Shanghai sein, »lebende Zahnräder« werden sie hier genannt. »Die World Expo ist ein kulturelles, wissenschaftliches und wirtschaftliches Olympia«, sagt der Chef des Shanghaier World-Expo-Büros, Hong Hao. »Unter allen Gesichtspunkten, ob es Promotion, Marketing, Organisation, Management oder Sicherheit ist, kann die Shanghai World Expo von den Olympischen Spielen lernen.«

Pekinger reagieren mit Spott auf das Ereignis in Shanghai und nutzen es, um über die Shanghaier herzuziehen. Über Instant Messenger verbreiten sie eine Persiflage auf das Olympialied 北京欢迎你 *Beijing huanying ni*, Peking heißt dich willkommen. Sie heißt 上海欢迎你, *Shanghai huanying ni*, Shanghai heißt dich willkommen:

Shanghai heißt dich willkommen
Willkommen einzukaufen
Wir haben keine Kultur, aber wir haben Geld
Shanghai heißt dich willkommen
Olympia war nichts Besonderes
Wir treffen uns auf der World Expo.

Die Shanghaier selbst sehen die Expo mit gemischten Gefühlen. Im ewigen Wettlauf mit Peking zieht diese technische Leistungsschau wieder mehr Besucher und Geld nach Shanghai. 222 Länder und internationale Organisationen haben bereits ihre Teilnahme zugesagt. Siemens und Coca-Cola gehören zu den Sponsoren. In Kopenhagen wird sogar darüber gestritten, ob man die weltberühmte Skulptur der kleinen Seejungfrau, inspiriert durch das Märchen von Hans Christian Andersen, für ein halbes Jahr nach Shanghai verlegen soll, um damit für Reisen nach Dänemark zu werben. Die letzten Weltausstellungen hatten nicht mehr den Glanz der Pariser, für die der Eiffelturm gebaut wurde, und der Londoner, der die Welt den Kristallpalast zu verdanken hat. Aber Shanghai möchte aus »seiner« Expo wieder etwas machen, worauf die ganze Welt schaut. Zu olympischen Zeiten sah sich die Stadt über dem Meer verraten, denn während der Spiele wurden dort nur einige Fußball-Wettkämpfe ausgetragen (wobei die Shanghaier Zeitungen anschließend betonten, dass die örtlichen Sportler mehr Weltrekorde brachen als die aus jeder anderen chinesischen Stadt). »Ich habe ein bisschen Olympia gesehen«, flüsterte eine Shanghaierin damals in einem Ton, als gestehe sie, mit dem Ehemann ihrer besten Freundin geschlafen zu haben oder, noch schlimmer in dieser modeverrückten Stadt, eine Handtasche zu tragen, die nicht mehr der letzte Schrei ist. Mit der Expo will sich Shanghai für die Schmach revanchieren.

Auf der anderen Seite bringt das Großereignis nicht nur Ehre, sondern auch Ärger. Länder stellen sich in gigantischen Pavillons vor, deren Nutzen für die Stadt noch ungewisser ist als der von Olympiastadien. Meist werden die Pavillonbauten nach der Ausstellung wieder abgerissen. Die Wiener, für die World Expo 1995 auserwählt, sagten in einer Volksbefragung: Nein danke! Im Jahr 2000 war Hannover dran, wo allerdings neben Messen und Ausstellungen auch nicht viel anderes los ist.

Schon jetzt hat die Shanghaier Stadtverwaltung errechnet: Finanziell wird die große Veranstaltung für sie im Fiasko enden. Sponsorengelder und der Verkauf von Eintrittskarten sollen umgerechnet 960 Millionen Euro bringen. Dem stehen folgende immense Ausgaben gegenüber: Eine Milliarde Euro für Eröffnungs- und Abschlusszeremonien, Wartung der Anlagen und Sicherheit; 1,8 Milliarden Euro für den Bau von Veranstaltungshallen; zwei Milliarden Euro für die Umsiedlung von Anwohnern.

Denn geplant ist ein 5,28 Quadratkilometer großer Expo-Park. Dies führte zum größten Umsiedlungs-Projekt in dieser schon bisher an Umsiedlungen nicht armen Metropole. 18 000 Haushalte und 272 Fabriken mussten dem Park weichen, darunter die 142 Jahre alte

Jiangnan-Schiffswerft, die als Wiege der modernen Industrie in China gilt.

Wie solche Umsiedlungen ablaufen, beschrieb der Shanghaier Rechtsanwalt Guo Guoting mir gegenüber so: »Bewohner, die ihr Haus nicht aufgeben wollen, werden von der Stadtverwaltung zu einem Gespräch geladen. Wenn sie anschließend nach Hause zurückkehren, ist es bereits abgerissen, die Möbel sind zertrümmert.«

Dunkler Anzug mit Krawatte, weißes Hemd, kurz geschorenes Haar, Nickelbrille – wie ein Rebell wirkte der Mann nicht, der mir gegenübersaß. Ich traf ihn in einem Shanghaier Café, dessen grünes Logo dem von Starbucks ähnelte – eine Verwechslung, die natürlich beabsichtigt ist. Business ist Business in Shanghai. Auch der Anwalt war, wie er gestand, »ein ganz normaler Shanghaier« gewesen, der nach Reichtum gestrebt und sich nicht um die Sorgen derer gekümmert hatte, denen es schlechter ging als ihm. Er hatte Shanghaier Schifffahrtsunternehmen vertreten, ein lukratives Geschäft.

Das änderte sich durch den Fall eines ehemaligen Studienkollegen: Zheng Enchong half Hunderten, Einspruch gegen den Abriss ihrer Häuser zu formulieren, zog damit den Zorn von Stadtverwaltung und Immobilienfirmen auf sich. Deshalb wurde er in einem Geheimprozess zu drei Jahren Gefängnis verurteilt. Vorwand: Er habe einen zweiseitigen Text über die Shanghaier Wohnungssituation an eine amerikanische Menschenrechtsorganisation gefaxt und damit »Staatsgeheimnisse verraten«.

211

Als kein anderer Anwalt sich traute, den Kollegen zu vertreten, sah Guo Guoting sich moralisch dazu genötigt. Er hat bitter dafür bezahlt: Stadtverwaltung und Staatssicherheit forderten seine Mandanten, die Schifffahrtsunternehmen, auf, ihm keine Aufträge mehr zu geben. Und die fügten sich. Als ich ihn traf, verdiente Guo noch ein Drittel von dem, was er vor der Übernahme des Falls Zheng erhielt. Die Familie konnte die Schulgebühren für die damals 15-jährige Tochter nicht mehr aufbringen.

Kurz darauf passierte Folgendes: Guo Guoting äußerte sich im Internet zu den Vorgängen, die auch dem chinesischen Recht Hohn sprechen. Geheimpolizisten stürmten seine Wohnung, beschlagnahmten seinen Computer. Er wurde unter Hausarrest gestellt, durfte seine Wohnung nicht mehr verlassen. Die Staatsorgane begründeten dies mit dem Vorwurf, er habe im Internet »die Kommunistische Partei beleidigt«. Aufgrund internationaler Proteste durfte Guo Guoting inzwischen nach Kanada ausreisen.

Vizepräsident Xi Jinping gilt als Chinas zukünftiger starker Mann. Als er noch KP-Chef von Shanghai war, sagte er: »Die Vorbereitungen der World Expo gehen reibungslos voran trotz der Herausforderungen, die von entmutigenden Umsiedlungen bis zum Veredeln der Manieren unserer Bürger reichen.« Bei allen Unterschieden, dies verbindet Pekinger und Shanghaier: Sie freuen sich, wenn die Welt bei ihnen zu Besuch kommt. Aber sie wollen nicht länger Statisten in Propaganda-Shows der Kommunistischen Partei sein.

Sie fragen sich: Warum schaffen wir es, die Olympia-Athleten mit gesundem Essen zu versorgen – und unsere eigenen Kinder sterben an vergifteter Milch? Warum können wir das höchste Hotel der Erde bauen und Sportstätten, die zu den Wundern der modernen Architektur zählen – aber keine Schulen, die einem Erdbeben standhalten? Warum schicken wir Raketen in den Weltraum, wenn uns die Mittel fehlen, die Abgase auf der Erde zu filtern?

Und wir Ausländer? In Shanghai und Peking haben mich oft Freunde aus Deutschland besucht. Ich arbeitete neue Kollegen ein oder lernte auf Elternabenden in der deutschen Schule oder bei Botschaftsempfängen Neuankömmlinge kennen. Oft durchläuft ihr Bild von Peking und Shanghai drei Phasen.

Erste Phase: Sie kommen skeptisch an, nach all dem, was sie gehört und gelesen haben. Das liegt auch an meinem Gewerbe, den Medien. »Hund beißt Mensch«, ist keine Geschichte, lernen wir an den Journalisten-Schulen, das sei zu alltäglich. Ungewöhnlich und deshalb interessant sei dagegen: »Mensch beißt Hund.« Oder um ein Beispiel zu nehmen, das im Alltag der Nachrichen öfter vorkommt: Wir berichten über Flugzeuge, die abstürzen. Wir berichten nicht über Flugzeuge, die landen. Solange sich das Berichtete in der eigenen Erfahrungswelt abspielt, kann es kaum zu Missverständnissen führen. Ein Artikel über einen Kinderschänder in der eigenen Stadt wird nicht zur Annahme verleiten, alle Männer am Ort seien Triebtäter. Handelt eine Reportage aber vom weit entfernten China, kann ein schiefes Bild entstehen. Man liest über Kinder, die als Sklaven schuften, oder über Restaurants, die Hundefleisch anbieten, weiß aber nicht: Auch in China sind solche Vorkommnisse seltene Ausnahmen.

Nach der Ankunft in Shanghai oder Peking kommt deshalb die zweite Phase: »Das ist alles gar nicht so, wie immer behauptet wird.« Sie sind begeistert von der gigantischen Entwicklung dieser Metropolen, finden sie schöner, moderner, sauberer und freier, als sie das erwartet haben. Doch auch das ist nur die halbe Wahrheit. Denn hier existieren mehr Lebenswelten nebeneinander als in Berlin oder Solingen, ist der Unterschied zwischen Arm und Reich viel größer. Manche Gebäude sehen schick aus, stehen aber halb leer, weil niemand die Mieten für die Apartments oder Büros aufbringen kann. Der russische Reichsfürst Grigori Potemkin hatte für Katharina die Große Potemkinsche Dörfer aufgebaut, um ihr Wohlstand vorzugaukeln. Chinas Kommunisten haben es geschafft, ganze Potemkinsche Citys in die Höhe zu klotzen. Besonders während Veranstaltungen wie den Olympischen Spielen oder der World Expo gelingt es der Propagandamaschinerie, eine Scheinwelt aufzubauen. Erleichtert wird dies dadurch, dass viele Chinesen in Gesprächen mit Ausländern dazu neigen, ihre Regierung zu verteidigen, selbst wenn sie diese eigentlich ablehnen: Sie wollen nicht, dass ihr Land sein Gesicht verliert.

Das Eis bricht leichter, wenn man die Sprache spricht. Es fällt mir immer wieder auf: Manche Deutsche bejubeln China unkritisch, vor allem Geschäftsleute, die dort in Villensiedlungen residieren oder auf Geschäftsreisen ihr Fünfsternehotel kaum verlassen; und am euphorischsten sind die, die kein Chinesisch sprechen. Sie bekommen oft nicht mit, was um sie herum passiert. Deshalb rate ich jedem, der für eine Zeit lang in Peking oder Shanghai leben wird, die Mühe auf sich zu nehmen, Mandarin zu lernen. Es wird Ihnen schwerfallen, aber es lohnt sich. Bei kurzen Urlaubs- und Geschäftsreisen werden Sie damit nicht weit kommen, dafür ist die Aussprache zu schwierig (wobei ein 你好 *ni hao*, hallo, oder 谢谢 *xiexie*, danke, immer honoriert wird). Aber gehen Sie, auch ohne Ihre Reisegruppe, in Nebenstraßen und kleine Gassen! Keine Sorge, China ist eines der sichersten Länder der Erde, vor allem für Ausländer, die hier als Gäste gesehen werden. Sie stehen unter dem schützenden Auge nicht nur der Polizei, sondern auch der anderen Passanten. Menschenleer ist es in Peking und Shanghai nirgendwo. Weil sie höhere Strafen und ernsthaftere Ermittlungen befürchten, meiden Diebe und Räuber Ausländer (traurige Ausnahmen bestätigen die Regel). Versuchen Sie, wenn möglich, in Ihre Reiseroute auch eine ländliche Gegend aufzunehmen, um die großen Unterschiede innerhalb der Volksrepublik zu erleben.

Das führt dann zur dritten Phase: Peking und Shanghai als Metropolen zu sehen mit krassen Widersprüchen. Alles ist größer und schneller als bei uns. Nach wie vor besteht ein System ohne demokratische Kontrolle, das Korruption und Elend hervorbringt. Doch viele Menschen nehmen sich Freiheiten, die vor wenigen Jahren noch undenkbar schienen. Als Besucher oder zeitweiliger Bewohner lernen Sie eine mehrere tausend Jahre alte Hochkultur kennen und ein bedeutendes Land, in dem es bis in weite Zukunft mit Sicherheit eines bleibt – spannend.

Bereits erschienen:
Gebrauchsanweisung für...

Amerika
von Paul Watzlawick

Amsterdam
von Siggi Weidemann

Barcelona
von Merten Worthmann

Bayern
von Bruno Jonas

Berlin
von Jakob Hein

die Bretagne
von Jochen Schmidt

Brüssel und Flandern
von Siggi Weidemann

Budapest und Ungarn
von Viktor Iro

China
von Kai Strittmatter

Deutschland
von Maxim Gorski

Dresden
von Christine von Brühl

die Eifel
von Jacques Berndorf

das Elsaß
von Rainer Stephan

England
von Heinz Ohff

Frankfurt am Main
von Constanze Kleis

Frankreich
von Johannes Willms

Freiburg und
den Schwarzwald
von Jens Schäfer

den Gardasee
von Rainer Stephan

Genua und
die Italienische Riviera
von Dorette Deutsch

Griechenland
von Martin Pristl

Hamburg
von Stefan Beuse

Indien
von Ilija Trojanow

Irland
von Ralf Sotscheck

01/0004/02/L

Italien
von Henning Klüver

Japan
von Andreas Neuenkirchen

Kalifornien
von Heinrich Wefing

Katalonien
von Michael Ebmeyer

Kathmandu und Nepal
**von Christian Kracht
und Eckhart Nickel**

Köln
von Reinhold Neven Du Mont

Leipzig
von Bernd-Lutz Lange

London
von Ronald Reng

Mallorca
von Wolfram Bickerich

Mecklenburg-
Vorpommern und die
Ostseebäder
von Ariane Grundies

München
von Thomas Grasberger

das Münchner
Oktoberfest
von Bruno Jonas

Moskau
von Matthias Schepp

Neapel und die
Amalfi-Küste
von Maria Carmen Morese

New York
von Verena Lueken

Niederbayern
von Teja Fiedler

Nizza und
die Côte d'Azur
von Jens Rosteck

Norwegen
von Ebba D. Drolshagen

Österreich
von Heinrich Steinfest

Paris
von Edmund White

Peking und Shanghai
von Adrian Geiges

01/0005/02/R

Polen
von Radek Knapp

Portugal
von Eckhart Nickel

Rom
von Birgit Schönau

das Ruhrgebiet
von Peter Erik Hillenbach

Salzburg und
das Salzburger Land
von Adrian Seidelbast

Schottland
von Heinz Ohff

Schwaben
von Anton Hunger

Schweden
von Antje Rávic Strubel

die Schweiz
von Thomas Küng

Sizilien
von Constanze Neumann

Spanien
von Paul Ingendaay

Südfrankreich
von Birgit Vanderbeke

Südtirol
von Reinhold Messner

Tibet
von Uli Franz

die Toskana
von Barbara Bronnen

Tschechien und Prag
von Jiří Gruša

die Türkei
von Iris Alanyali

Umbrien
von Patricia Clough

die USA
von Adriano Sack

den Vatikan
von Rainer Stephan

Venedig mit den
Palladio-Villen am
Brenta-Kanal
von Dorette Deutsch

Wien
von Monika Czernin

PIPER

Kai Strittmatter
Gebrauchsanweisung für China

240 Seiten. Gebunden

China verstehen? Unmöglich vermutlich. Einstweilen aber
können wir uns mit dem ABC des chinesischen Alltags be-
helfen: Dann ist die Rede von den jingma, den Flüchen der Pekinger, und huang, gelb, der Nationalfarbe und was sie
dem Chinesen wirklich bedeutet. Und dann gibt es da noch
chi, das erotische Verhältnis der Chinesen zu ihrem Essen.
Oder renao wie Lärm und Krach, ein im Reich der Mitte ausgesprochen freundliches Wort. Aber keine Angst: Kai
Strittmatter wird nicht von allen 57000 Schriftzeichen erzählen. Nur von den wichtigsten. Von Peking bis zum Gelben
Fluß, vom Kommunismus und dem Nachnamen Li – den immerhin 100 Millionen Chinesen tragen.

01/1622/01/R

PIPER

Uli Franz

Gebrauchsanweisung für Tibet

208 Seiten. Gebunden

Kennen Sie Tenzin Gyatso? Nein? Er ist der XIV. Dalai Lama, der prominenteste Tibeter und ebenso ein Mythos wie seine Heimat, von der man sagt, sie sei dem Staub der Erde entrückt und dem Himmel nahe. So wie der Buddhismus viel mehr verkörpert als nur eine Religion, so dient Tibet, das »Land des Schneelöwen«, traditionell als Zufluchtsort für Reisende aus dem Westen. Zwischen der unnachgiebigen Großmacht China im Norden und dem kleinen Königreich Nepal im Süden liegt auf rund 4000 Metern, wo die höchste Zugstrecke der Welt verläuft und die Luft spürbar dünn wird, dieses Land der Ebenen bis zum Horizont und ewig weißer Himalajagipfel, versteckter Mönchsklöster und erhabener Kultur – mit Yakfleisch und fettigem Buttertee nicht unbedingt Ziel für Feinschmecker, aber für Naturfreunde, Bergsteiger und spirituelle Sinnsucher von überallher.

01/1811/01/L

PIPER

Ilija Trojanow
Gebrauchsanweisung für Indien

176 Seiten. Gebunden

Schicksalsergebene Fahrradfahrer, altmodische Eselskarren und stinkende Autorikschas; schweißtreibend scharfe Curry-Gerichte und farbenfrohe Feste; Straßen, die sich zur Regenzeit binnen Stunden in reißende Kanäle verwandeln, und High-Tech-Experten, die den Weltmarkt überschwemmen – auch wer noch nie in Indien war, hat schon ein festes Bild im Kopf. Ilija Trojanow, der über sechs Jahre in Indien lebte, sieht genauer hin und begibt sich auf eine vergnügliche Entdeckungsreise in das Land der Widersprüche. Anhand mehrdeutiger Begriffe wie Guru, Tamasha oder Mantra unternimmt der Autor einen erfrischend anderen Streifzug durch den heutigen Alltag zwischen Chutney und Cricket, Armut und Ayurveda, Cybergöttern und Pop-Idolen. Er kennt die Vorzüge indischer Waschmaschinen und weiß um die Vielfalt des Fernsehens, das mehr Programme hat als mancher Hindugott Arme und Beine. Er schlachtet heilige Kühe und andere Klischees – vor allem die der europäischen Wahrnehmung –, wobei er auf unterschiedlichste eigene Erfahrungen zurückgreifen kann: etwa als Gast einer typischen Monsun-Willkommens-Party oder als Nebendarsteller bei einem Bollywood-Film ...

01/1596/01/L

PIPER

Christian Kracht, Eckhart Nickel
Gebrauchsanweisung für Kathmandu und Nepal

176 Seiten. Gebunden

Wer mit Christian Kracht und Eckhart Nickel nach Nepal reist, wird zum Zeitzeugen und Zivilisationsforscher zugleich. Er ist mit den beiden vor Ort, als der letzte König mit einem Coup d'État die Macht ergreift – und kurz darauf die Monarchie ihr Ende findet. Der Leser erlebt die Reinkarnation Buddhas unter dem Geburtsbaum des Gottes. Trinkt Tee mit dem maoistischen Premierminister Prachanda. Erfährt, wie der Alltag berühmter Hippies in der Freak Street aussah, warum mit Barney Kessel der Jazz nach Kathmandu kam und was man heute braucht, um preiswert eine eigene Fluglinie zu gründen. Warum man einmal im Jahr das Annapurna-Massiv umrunden und zur heiligen Quelle von Muktinath pilgern sollte und wie der Geist von Hermann Hesse in Nepal fortlebt. Namaste!

01/1792/01/R

PIPER

Ilija Trojanow
Gebrauchsanweisung für Indien

176 Seiten. Gebunden

Schicksalsergebene Fahrradfahrer, altmodische Eselskarren und stinkende Autorikschas; schweißtreibend scharfe Curry-Gerichte und farbenfrohe Feste; Straßen, die sich zur Regenzeit binnen Stunden in reißende Kanäle verwandeln, und High-Tech-Experten, die den Weltmarkt überschwemmen – auch wer noch nie in Indien war, hat schon ein festes Bild im Kopf. Ilija Trojanow, der über sechs Jahre in Indien lebte, sieht genauer hin und begibt sich auf eine vergnügliche Entdeckungsreise in das Land der Widersprüche. Anhand mehrdeutiger Begriffe wie Guru, Tamasha oder Mantra unternimmt der Autor einen erfrischend anderen Streifzug durch den heutigen Alltag zwischen Chutney und Cricket, Armut und Ayurveda, Cybergöttern und Pop-Idolen. Er kennt die Vorzüge indischer Waschmaschinen und weiß um die Vielfalt des Fernsehens, das mehr Programme hat als mancher Hindugott Arme und Beine. Er schlachtet heilige Kühe und andere Klischees – vor allem die der europäischen Wahrnehmung –, wobei er auf unterschiedlichste eigene Erfahrungen zurückgreifen kann: etwa als Gast einer typischen Monsun-Willkommens-Party oder als Nebendarsteller bei einem Bollywood-Film ...

01/1596/01/L.